Kauderwelsch
Band 19

Impressum

Martin Lutterjohann
Thai — Wort für Wort
erschienen im
REISE KNOW-HOW Verlag Peter Rump GmbH
Osnabrücker Str. 79, D-33649 Bielefeld
info@reise-know-how.de

22. Auflage 2016

Bearbeitung & Layout Claudia Schmidt
Layout-Konzept Günter Pawlak, FaktorZwo! Bielefeld
Umschlagfoto Rainer Krack
Kartographie Thomas Buri
Fotos Rainer Krack, Martin Lutterjohann
Druck und Bindung Werbedruck GmbH Horst Schreckhase, Spangenberg

ISBN 978-3-8317-6475-4
Printed in Germany

Die Internetseiten mit Aussprachebeispielen und der Zugriff auf diese über QR-Codes sind eine freiwillige, kostenlose
Zusatzleistung des Verlages. Der Verlag behält sich vor, die Bereitstellung des Angebotes und die Möglichkeit der Nutzung zeitlich und inhaltlich zu beschränken. Der Verlag übernimmt keine Garantie für das Funktionieren der Seiten und keine Haftung für Schäden, die aus dem Gebrauch der Seiten resultieren. Es besteht ferner kein Anspruch auf eine unbefristete Bereitstellung der Seiten.

Der Verlag möchte die **Reihe Kauderwelsch** weiter ausbauen und **sucht Autoren!** Mehr Informationen finden Sie unter:
www.reise-know-how.de/rkh_mitarbeit.php

Kauderwelsch

Martin Lutterjohann

Thai

Wort für Wort

Zu diesem Buch ist ein AusspracheTrainer als MP3-Download erhältlich:
www.reise-know-how.de
ISBN 978-3-95852-147-6

Auch als Audio-CD im Buchhandel:
ISBN 978-3-8317-6009-1

เข้าเมืองตาหลิ่ว
ต้องหลิ่วตาตาม

khào müang dtaa li̱u dtȯng li̱u dtaa dtaam
eintreten Stadt Auge eines-blinzeln müssen eines-blinzeln Auge folgen
Wenn wir in eine Stadt kommen, in der die Leute blinzeln,
müssen wir es ihnen gleichtun.
„Andere Länder, andere Sitten!“

Kauderwelsch-Sprachführer sind anders!

Warum? Weil sie Sie in die Lage versetzen, wirklich zu sprechen und die Leute zu verstehen.

Wie wird das gemacht? Abgesehen von dem, was jedes Sprachbuch bietet, nämlich Vokabeln, Beispielsätze etc., zeichnen sich die Bände der Kauderwelsch-Reihe durch folgende Besonderheiten aus:

Die **Grammatik** wird in einfacher Sprache so weit erklärt, dass es möglich wird, ohne viel Paukerei mit dem Sprechen zu beginnen, wenn auch nicht gerade druckreif.

Alle Beispielsätze werden doppelt ins Deutsche übertragen: zum einen **Wort-für-Wort,** zum anderen in „ordentliches" Hochdeutsch. So wird das fremde Sprachsystem sehr gut durchschaubar. Denn in einer fremden Sprache unterscheiden sich z. B. Satzbau und Ausdrucksweise recht stark vom Deutschen. Ohne diese Übersetzungsart ist es so gut wie unmöglich, schnell einzelne Wörter in einem Satz auszutauschen.

Die **Autorinnen** und **Autoren** der Reihe sind Globetrotter, die die Sprache im Land selbst gelernt haben. Sie wissen daher genau, wie und was die Leute auf der Straße sprechen. Deren Ausdrucksweise ist nämlich häufig viel einfacher und direkter als z. B. die Sprache der Literatur oder des Fernsehens.

Besonders wichtig sind im Reiseland **Körpersprache, Gesten, Zeichen** und **Verhaltensregeln,** ohne die auch Sprachkundige kaum mit Menschen in guten Kontakt kommen. In allen Bänden der Kauderwelsch-Reihe wird darum besonders auf diese Art der nonverbalen Kommunikation eingegangen.

Kauderwelsch-Sprachführer sind keine Lehrbücher, aber viel mehr als traditionelle Sprachführer! Wenn Sie ein wenig Zeit investieren und einige Vokabeln lernen, werden Sie mit ihrer Hilfe in kürzester Zeit schon Informationen bekommen und Erfahrungen machen, die „sprachlosen" Reisenden verborgen bleiben.

Inhalt

Inhalt

Konversation

Anhang

Vorwort

Thailand erlebt trotz wiederholter Krisen seit langem einen erstaunlichen wirtschaftlichen Aufschwung, vor allem natürlich in der Metropole Bangkok. Der Tourismus gilt als eine der wichtigsten „Industrien" des Landes, das eines Tages zu den „vier Tigern" (Taiwan, Südkorea, Hongkong, Singapur) aufschließen und dann zu den „N.I.C." *(Newly Industrialized Countries)* gehören möchte. Doch die Vertrautheit mit Sprachen, die außerhalb des eigenen Landes oder gar nur der eigenen Umgebung gesprochen werden, hat mit der oberflächlichen Modernisierung nicht Schritt gehalten. Nach wie vor können wir Fremdsprachenkenntnisse – in den allermeisten Fällen Englisch – nur dort erwarten, wo Touristen, vor allem wir **farang** (Westler) absteigen. Unsere Bemühungen finden angesichts der ehrlichen Freude der höflichen Thai viel zu schnelle Bestätigung: Schon nach dem ersten Wort in ihrer Sprache hört man das Kompliment: **phùut thai** („Sie sprechen ja Thai!") oder gar **phùut thai gkeng** („Sie sprechen gut Thai!"). Bis das Kompliment seine wirkliche Berechtigung hat, vergehen viele Monate, ja vielleicht Jahre des Zuhörens und fleißigen Übens.

Ich wünsche allen, die dies versuchen wollen, viel Erfolg!

Martin Lutterjohann

Hinweise zur Benutzung

Der Kauderwelsch-Sprechführer „Thai" enthält folgende wichtige Abschnitte:

Grammatik

Die Grammatik bietet das Wesentliche übersichtlich dar. Ausnahmen und Unregelmäßigkeiten der Sprache sind oft nicht erklärt, da diese den Lernenden in manchen Fällen eher verwirren, anstatt zum Verständnis beizutragen. Wer nach der Lektüre gerne noch tiefer in die Sprache Thai einsteigen möchte, findet im Anhang Hinweise auf weiterführende Lehrbücher.

Konversationsteil

Der Konversationsteil vermittelt die im alltäglichen Sprachgebrauch wichtigen Redewendungen und Ausdrücke.

Wort-für-Wort-Übersetzung

Um die sich vom Deutschen unterscheidende Wortfolge thailändischer Sätze zu verstehen, ist die Wort-für-Wort-Übersetzung gedacht. Jedem thailändischen Wort entspricht ein Wort in der Wort-für-Wort-Übersetzung. Darüber hinaus werden die wichtigsten Begriffe oder Sätze in original thailändischer Schrift geschrieben, falls man sich überhaupt nicht verständlich machen kann.

Wörterlisten

Die Wörterlisten im Anhang enthalten einen Grundwortschatz von jeweils rd. 1000 Einträgen Deutsch-Thai und Thai-Deutsch, mit denen man schon eine ganze Menge anfangen kann.

Umschlagklappe

Der ausklappbare Umschlag hilft, die wichtigsten Sätze und Formulierungen stets parat zu haben. Hier finden sich außerdem die wichtigsten Angaben zur Aussprache und die Abkürzungen, die in der Wort-für-Wort-Übersetzung und in den Wörterlisten verwendet werden; weiterhin eine kleine Liste der wichtigsten Fragewörter und Richtungsangaben – wer ist nicht schon einmal aufgrund missverstandener Gesten im fremden Land auf die falsche Fährte gelockt worden? Aufgeklappt ist der Umschlag eine wesentliche Erleichterung, da nun die gewünschte Satzkonstruktion mit dem entsprechenden Vokabular aus den einzelnen Kapiteln kombiniert werden kann.

Hören Sie sich Ausprachebeispiele mit Ihrem Smartphone an! Ausgewählte Kapitel in diesem Buch sind dafür mit einem QR-Code ausgestattet. Wer kein Smartphone hat, kann sich die Sätze auch auf unserer Webseite anhören: www.reise-know-how.de/kauderwelsch/019

Über die Sprache Thai

Die Sprache der Thai gehört zur Tai-Kadai-Sprachfamilie, zu der auch Laotisch und Shan gehören. Nach gängiger Lehrmeinung sind die Thai etwa im 7. Jahrhundert aus Yünnan vor den vorrückenden Chinesen ausgewichen und langsam nach Süden gewandert. Dort haben sie sich im Gebiet des heutigen Thailand mit den bereits ansässigen Mon und Khmer vermischt. In ihre Sprache nahmen sie Wörter dieser Volksgruppen auf, und durch den Hinduismus und später Buddhismus kamen sehr viele Begriffe aus dem aus dem Sanskrit und dem damit verwandeten Pali, der liturgischen Sprache des Theravada-

Seitenzahlen

Um Ihnen den Umgang mit den Zahlen zu erleichtern,wird auf jeder Seite die Seitenzahl auch auf Thai in Lautschrift angegeben!

Viele Lehnwörter aus dem Sanskrit prägen noch heute den Wortschatz so stark, dass mitunter gebildete Thai davon überzeugt sind, ihre Sprache basiere auf dem Sanskrit.

Buddhismus, hinzu. Charakteristisch für isolierende Sprachen wie Chinesisch, Vietnamesisch oder Thai ist, dass Wörter eigentlich aus einer oder mehreren Silben bestehen, die jede ursprünglich eine eigene Bedeutung hatte. Durch unterschiedliche Töne (vgl. Kap. „Töne“) bekommen gleichaussehende Silben eine unterschiedliche Bedeutung.

Das Thai lässt nur eine eng begrenzte Anzahl von Mitlauten am Silbenende zu. Eine geschlossene Silbe endet entweder auf den stimmhaften Mitlauten **m**, **n**, **y**, **ng**, **w**, **ɵ**, **y** oder den stimmlosen Mitlauten **k**, **p**, **t**. Da die meisten Thai eine Fremdsprache so ähnlich aussprechen wie ihre eigene Sprache, in der nun einmal kein Wort auf **l**, **f** oder **s** endet, wird aus *Bill* **Bin**, aus *Golf* wird **gkɵ̄ɵp**, und aus *Tennis* wird **thennīt**. Bei aus anderen Sprachen entlehnten Wörtern bleibt die ursprüngliche Buchstabenfolge erhalten, so dass man deren Ursprung oft erkennen kann.

So begrenzt die Anzahl der Mitlaute am Wortende ist, so vielfältig ist die Zahl der Selbstlaute und deren Kombinationen, die die Silbenmitte bestimmen. Wichtig ist deshalb genaues Zuhören und Üben ..., um die Laute genau zu unterscheiden.

Die dialektalen Abweichungen können schon mal zu Missverständnissen führen. Man selbst hält sich daher besser an den Standard.

Es gibt in Thailand eine Standardsprache, die von der Aussprache der Zentralregion abgeleitet ist. Diese Standardsprache bildet die Grundlage für den Kauderwelsch „Thai“. Die Dialekte **(phaasáa thɵ̄ɵng-thi̱n)** der nördlichen, nordöstlichen und südlichen Regionen weichen jedoch von der Standardsprache erheblich ab, insbesondere die Sprache des **Isáan**, die eher eine Variante des Laotischen ist. Mit dem Standard-Thai wird man überall jedoch am ehesten verstanden.

Der Bangkok-Dialekt hat abweichend von der Standardsprache ein paar Besonderheiten: Die etwas „sprachfaulen" Bewohner der Hauptstadt sprechen oft **l** *statt* **r**, *sie sagen also* **lūu** *statt* **rūu** *(wissen), und sie lassen bei Doppelmitlauten, die als zweiten Mitlaut ein* **r** *haben, das* **r** *weg, sie sprechen also* **dtong** *statt* **dtrong** *(gerade) oder* **khāp** *statt* **khrāp** *(männl. Höflichkeitspartikel);* **k(h)w** *wird* **f** *gesprochen, also* **fáa** *statt* **khwáa.**

Die thailändische Schrift

Die Thai-Schrift wurde im 13. Jahrhundert von König **Ramkhamhaeng** aus **Sukhothai** entwickelt, der die Vorlagen einer südindischen bzw. der Khmer-Schrift an die Sprache der Thai anpasste. Ursprünglich zeigte sie nur die Laute des Sanskrit an. Nach der Anpassung konnten auch die spezifischen Laute des Thai und die Töne ausgedrückt werden. Die Schreibweise der Sanskrit-Wörter wurde trotz geänderter Aussprache beibehalten. So sieht man „altertümlich" geschriebenen Wörtern heute noch deren altindische Herkunft an, während Thai-Wörter so geschrieben werden, wie man sie auch tatsächlich ausspricht. Die erste Inschrift in Thai-Schrift wird auf das Jahr 1283 datiert. In moderner Zeit übernommene Wörter sind oft buchstabengetreue Umschreibungen der Originale, etwa **nāy-khlāp** (engl. *night-club*); das **t** ist in Thai-Schrift enthalten, wird hier aber nicht gesprochen.

Die von links nach rechts geschriebene Schrift erscheint für viele Nicht-Thai wie ein Buch mit sieben Siegeln. Und dann ist da auch noch das Hindernis der Schreibweise: Zwischen den Wörtern bzw. zwischen den einzelnen Silben werden keine Zwischenräume gelassen. Ein Text sieht also wie eine Serie ellenlanger Bandwurmwörter aus. Es gibt keine Groß- und Kleinschreibung, keine Zeichensetzung.

Das thailändische Alphabet

Die Schrift besteht offiziell aus 44 Mitlauten **(aksə·ən)**, die heute nur noch 21 unterschiedliche Laute repräsentieren; 29 der Mitlaute sind gebräuchlich, die restlichen kommen zwar selten, aber eben gelegentlich doch noch vor, so dass man sie wenigstens erkennen sollte.

Ein sehr wichtiger Aspekt der Mitlaute ist ihre Unterteilung in drei Klassen: die niedrigen **(aksə·ən dtam)**, die ihrerseits in zwei Gruppen unterteilt sind: die stimmlosen und stimmhaften; die mittleren **(aksə·ən gklaang)**, und die hohen **(aksə·ən súung)**. Sie bestimmen die Töne der Silben mit.

Jedes Kind in Thailand lernt das Alphabet auf eine sehr bildhafte Weise. In der Tat gibt es praktisch in jedem Buchladen die Poster mit allen Buchstaben und den zugehörigen offiziellen Beispielworten, teils als Zeichnung oder – moderner – als Foto abgebildet. Diese Beispielwörter werden auch von Erwachsenen zum Buchstabieren verwendet. Gelesen werden die Mitlaute mit einem langen offenen **əə**.

Die 28 Selbstlaute **(sara')** bzw. deren Kombinationen werden um die zugehörigen Mitlaute herum angeordnet: teils vor, hinter, darüber und darunter. Der Gedankenstrich in der Übersicht für die Selbstlaute steht für einen Mitlaut!

Das thailändische Alphabet

gk ก gkoo gkai Huhn	**kh** ข kho·o khai Ei	**kh** ฃ (khoo) khuat Flasche	**kh** ค khoo khwaai Wasserbüffel	**kh** ฅ (khoo) khon Mensch
kh ฆ khoo rakhang Tempelglocke	**ng** ง ngoo nguu Schlange	**dj** จ djoo djaan Teller	**ch** ฉ choo ching Zimbeln	**ch** ช choo chāang Elefant
s ซ soo sòo Kette	**ch** ฌ (choo-ka) chöö (Baumart)	**y** ญ yoo yíng Frau; weiblich	**d** ฎ (doo) chadaa Thai-Krone	**dt** ฏ dtoo bpadtak Kurzspeer
th ฐ tho·o tháan Sockel	**th** ฑ thoo monthoo (Frauenname)	**th** ฒ thoo phùuthào die Alten	**n** ณ noo neen Novize	**d** ด doo dek Kind
dt ต dtoo dtao Schildkröte	**th** ถ tho·o thúng Beutel, Tüte	**th** ท thoo thaháan Soldat/Militär	**th** ธ thoo thong Fahne, Flagge	**n** น noo núu Maus
b บ boo baimāi Blatt	**bp** ป bpoo bplaa Fisch	**ph** ผ pho·o phǜng Biene	**f** ฝ fo·o fáa Deckel	**ph** พ phoo phaan Schale
f ฟ foo fan Zahn	**ph** ภ phoo sámphao Segelschiff	**m** ม moo māa Pferd	**y** ย yoo yāk Riese	**r** ร roo rüüa Boot
l ล loo ling Affe	**w** ว woo wā́än Ring	**s** ศ so·o sáalaa Thai-Pavillon	**s** ษ so·o rüüsíi Eremit	**s** ส so·o sűüa Tiger
h ห ho·o hiip Kiste	**l** ฬ loo dju'laa Drachen	**o** อ oo aang Schüssel	**h** ฮ hoo nōk-hùuk Eule	

Aussprache & Umschrift

Es gibt bis heute keine verbindliche Umschrift des Thai. Die hier verwendete Umschrift gibt die Sprache sehr genau wieder; manche Wörter ändern die Vokallänge je nach Stellung im Satz oder bei zusammengesetzten Wörtern. Die meisten Laute der hier verwendeten Umschrift sind problemlos nachzuvollziehen. Wichtig ist jedoch der Unterschied zwischen behauchten (**kh**, **ph**, **th**) und nicht behauchten Mitlauten (**gk**, **bp**, **dt**). Im Deutschen behaucht man „k, p, t" in der Regel, d. h., man spricht ein zusätzliches „h". Behaucht man diese noch stärker, spricht man die behauchten Mitlaute für Thai schon ganz richtig aus. Umgekehrt ist für die Aussprache der unbehauchten Mitlaute **gk**, **bp**, **dt** darauf zu achten, dass man den Haucheffekt ganz bewusst unterdrückt. Zur Kontrolle kann man beim Üben die Hand vor den Mund halten: Jetzt darf beim Sprechen so gut wie kein Luftzug mehr spürbar sein.

Kauderwelsch-AusspracheTrainer

Falls Sie sich die wichtigsten thailändischen Sätze, die in diesem Buch vorkommen, einmal von einem Thai gesprochen anhören möchten, brauchen Sie den ***AusspracheTrainer*** *zu diesem Buch. Sie bekommen ihn als* ***MP3-Download*** *über unseren Internetshop* ***www.reise-know-how.de*** *oder auf* ***Audio-CD*** *in Ihrer Buchhandlung. Alle Sätze, die Sie auf dem* ***Kauderwelsch-AusspracheTrainer*** *hören können, sind in diesem Buch mit einem Ohr 👂 gekennzeichnet.*

Mitlaute (Konsonanten)

gk	Laut zwischen „g" und „k" bzw. nicht behauchtes „k" **gkai** (Huhn)
kh	behauchtes „k" wie im Deutschen, z. B. „k" wie „**K**opf" **khàa** (Preis)

Aussprache & Umschrift

Die Mitlaute **b**, **d**, **f**, **h**, **l**, **m**, **n** *werden wie im Deutschen gesprochen.*

ng	nasaliertes „ng“ wie in „sie sa**ng**“, ein „g“ ist nicht zu hören! Auch am Wortanfang als ein Laut gesprochen. **nguu** (Schlange)
dj	etwa wie „dsch“ in „**Dsch**ungel“ oder stimmhaftes „sch“ wie in „**J**et“ **djorākhèe** (Krokodil)
s	stimmloses „s“ wie in „Ga**s**t“ **sűüa** (Tiger)
ch	stimmloses „sch“ wie in „**Sch**ule“ oder „tsch“ wie in „Ma**tsch**“ **chāang** (Elefant)
y	wie „j“ in „**J**äger“ **ya̲i** (groß)
dt	zwischen „d“ und „t“ bzw. nicht behauchtes „t“ **dta̲o** (Schildkröte)
th	behauchtes „t“ wie im Deutschen, „t“ wie „**T**ag“ **thu̲uk** (billig)
bp	zwischen „b“ und „p“ bzw. nicht behauchtes „p“ **bplaa** (Fisch)
ph	behauchtes „p“ wie im Deutschen, „p“ wie „**P**ost“ **phùu** (Person)
r	Zungen-r (gerollt), niemals ein Kehlkopf-r; Thai sprechen es manchmal wie ein „l“ aus **rōt** (Wagen)
w	Halblaut zwischen „u“ und „w“ wie das englische „w“ in „**w**ater“ (Wasser) **weelaa** (Zeit)

Selbstlaute (Vokale)

Werden Selbstlaute **(sara')** buchstabiert, setzt man im Thai das Wort **sara'** vor den Laut, also z. B. **sara' aa**. Selbstlaute können kurz oder lang sein. Kurze Selbstlaute werden in der Umschrift mit einem, lange mit zwei Selbstlauten geschrieben; abgehackte kurze Mitlaute werden zusätzlich durch ein Apostroph (') gekennzeichnet.

Bei den Selbstlauten ist zu beachten, dass **ö** *und* **ü** *weiter hinten und dumpfer als im Deutschen ausgesprochen werden. Das offene „o", wie in „oft" oder „morgen" ist durch ein „o" mit einem Punkt in der Mitte* **(ɵ)** *dargestellt.*

Darüber hinaus gibt es eine Reihe von Selbstlaut-Kombinationen. Die kombinierten Selbstlaute werden so gesprochen, wie sie geschrieben werden. Allerdings werden **ia'** und **ia** manchmal wie **iä'** bzw. **iä** und **iao** manchmal wie **ioo** ausgesprochen. Die Betonung liegt dann immer auf dem vorigen Selbstlaut.

Die Tabelle soll zeigen, wie die Vokale in Beziehung zu den Konsonanten („-") plaziert werden.

a'	-ะ	**a**	-ั	**aa**	-า	**ai**	ใ-	**ai**	ไ-
am	-ำ	**ao**	เ-า	**ä'**	แ-ะ	**ää**	แ-	**e'**	เ-ะ
ee	เ-	**i**	-ิ	**ii**	-ี	**iia**	เ-ีย	**o**	โ-ะ
oo	โ-	**ɵ'**	เ-าะ	**öö**	เ-อ	**öö**	เ-ิ	**ööi**	เ-ย
u	-ุ	**uu**	-ู	**ua**	-ัว	**ua'**	-ัวะ	**ü**	-ึ
üü	-ื	**üa**	เ-ือะ	**üüa**	เ-ือ				

Achtung, die Tabelle ist nicht komplett. Es gibt zwar nur 15 Vokalzeichen, aber rund 50 Kombinationen!

Tonzeichen

-่	-้	-๊	-๋

Die Tonzeichen bedeuten nicht von vorneherein „hoch“, „tief“ etc. Unter bestimmten lautlichen Bedingungen ergibt sich, ob das entsprechende Zeichen einen hohen oder tiefen Ton anzeigt. Die Tonregeln sind aber zu komplex, um sie hier erklären zu können.

a’	kurz wie in „**A**bt“,
aa	lang wie in „b**a**den“
	arai (was), **maa** (kommen)
ä’	kurz wie „k**ä**mmen“,
ää	lang wie in „B**ä**r“
	lǟ’ (und), **nään** (voll)
e’	kurz und geschlossen wie „L**e**ck“,
ee	lang und geschlossen wie in „b**e**ten“
	dek (Kind), **eeng** (selbst)
i’	kurz wie in „B**i**ld“,
ii	lang wie in „m**ie**ten“
	djing (wahr), **dii** (gut)
o’	kurz wie in „M**o**tte“,
oo	lang und geschlossen wie in „B**oo**t“
	khon (Mensch), **bproot** (bitte)
ɵ’	kurz und offen wie in „**o**ft“,
ɵɵ	lang und offen wie in „**O**rt“
	nīt-nɵɵi (etwas), **gkɵɵn** (zuerst)
ö’,	zwischen „e“ in „Schul**e**“ und „ö“ in
öö	„**ö**ffnen“, dabei nicht den Mund spitzen, hinten im Mundraum sprechen
	thö (bitte sehr), **wan-gkööt** (Geburtstag)
u’	kurz wie in „M**u**nd“,
uu	lang wie in „zum**u**ten“
	suk (glücklich), **duu** (ansehen)
ü’,	nicht den Mund spitzen, hinten
üü	im Mundraum sprechen
	nüüai (müde), **yüün** (stehen)

Töne

Thai gehört zu den Tonsprachen. Das heißt, dass nicht nur eine bestimmte Buchstabenfolge eine bestimmte Bedeutung hat; auch verschiedene Töne in Kombination mit einer bestimmten Buchstabenfolge sind bedeutungsunterscheidend.

Das begleitende Tonmaterial ist eine unentbehrliche Hilfe, um Laute und Töne richtig sprechen zu lernen. Die Lautschrift kann hier nur ein unvollkommenes Hilfsmittel sein.

Im Thai gibt es fünf „Töne", die verhältnismäßig klar zu unterscheiden sind. Dabei muss man sich die Töne nicht wie einen „absoluten" Ton in einer Tonleiter vorstellen, sondern eher wie eine Melodie, nach der die Silbe ausgesprochen bzw. „gesungen" wird.

Jede Silbe hat einen Ton, innerhalb mehrsilbiger Wörter folgen also oft unterschiedliche Töne aufeinander. In europäischen Sprachen trägt die Tonhöhe beim Sprechen keine sinnunterscheidende Bedeutung, obwohl man auch verschiedene Satzmelodien kennt, z. B. hebt man am Ende eines Fragesatzes auch etwas die Stimme an. Im Thai gehören die Töne untrennbar zum Wort. Ändert sich der Ton, ändert sich meist auch die Bedeutung. Allerdings können die Töne regional auch variieren. Oder umgangssprachlich wird ein anderer Ton gesprochen als im Wörterbuch steht. Der Kauderwelsch-Band „Thai" trägt dem Rechnung: So steht z. B. in den meisten Wörterbüchern **chan** („ich" für Frauen), gesprochen wird jedoch **chān**, und diese Variante wird im vorliegenden Band auch verwendet.

Das gute Zuhören ist anfangs wichtiger als das Selbersprechen, um nicht falsche Gewohnheiten zu bilden. Zu Beginn muss man jeden Ton bewusst aussprechen, bis man die Melodie eines Tones verinnerlicht hat.

Übrigens haben Silben der mittleren Tonlage grundsätzlich lange Selbstlaute oder enden auf einen stimmhaften Mitlaut.

Man unterscheidet folgende Töne:

Der **mittlere Ton** wird neutral in der stimmlichen Mittellage gesprochen. Ein Wort in der Umschrift ohne Tonzeichen wird also immer im mittleren Ton gesprochen:

khaa (hängen), **fang** (zuhören)

Der **tiefe Ton** wird am unteren Ende der natürlichen Stimmlage gleichmäßig tief gesprochen. In der Umschrift wird der Selbstlaut unterstrichen:

aan (lesen), **mai** (neu)

Der **hohe Ton** wird am oberen Ende der natürlichen Stimmlage gleichmäßig hoch gesprochen. In der Umschrift wird der hohe Ton durch einen geraden Strich über dem Selbstlaut der betreffenden Silbe gekennzeichnet:

khāa (Handel treiben), **rōt** (Wagen)

Der **fallende Ton** ist ein zunächst etwas ansteigender, dann scharf abfallender Ton. Der fallende Ton wird durch einen sich von links nach rechts neigenden Strich gekennzeichnet:

khàa (töten), **mài** (nicht)

Der **steigende Ton** verhält sich dem fallenden Ton entgegengesetzt: er fällt zunächst etwas ab und steigt dann von unten steil nach oben an. Er wird durch einen von links unten nach rechts oben führenden Strich verdeutlicht:

kháa (Bein), **kháai** (verkaufen)

Die folgende Grafik stellt die „Melodieführung“ der Töne dar:

ka (mittel)	**ka** (tief)	**kà** (fallend)	**kā** (hoch)	**ká** (steigend)

Betonung

Bei mehrsilbigen Wörtern liegt die Betonung in der Regel auf der letzten Silbe.

Wörter, die weiterhelfen

Die folgenden Sätze können Sie ohne Grammatikkenntnisse anwenden:

... yuu thìi-nái	**Wo ist ...?**	อยู่ที่ไหน
... mii thìi-nái	**Wo gibt es ...?**	มีที่ไหน

Das, wonach man fragt, steht jeweils am Satzanfang. **khrāp** ist die männliche Höflichkeitspartikel und wird von Männern am Ende der Frage gesprochen, Frauen dagegen benutzen die weibliche Höflichkeitspartikel **khā'**.

dtamruat yuu thìi-nái khrāp/khā' — ตำรวจอยู่ที่ไหนครับ/ คะ
Polizei sich-befinden Ort-welcher HPm/w
Wo ist die Polizei?

satháan-thùut yuu thìi-nái khrāp/khā' — สถานทูตอยู่ที่ไหนครับ/คะ
Botschaft sich-befinden Ort-welcher HPm/w
Wo ist die Botschaft?

Wörter, die weiterhelfen

In diesen Satz und auch in einige der nächsten kann man beispielsweise folgende Wörter einsetzen.

ร้านขายยา	**rāan-kháai-yaa**	Apotheke
หมอ	**mo·o**	Arzt
สถานีรถไฟ	**satháanii-rōt-fai**	Bahnhof
สถานทูต	**satháan-thùut**	Botschaft
รถเมล์	**rōt-mee**	Bus
ท่าเรือ	**thàa-rüüa**	Hafen
โรงแรม	**roong-rääm**	Hotel
วังหลวง	**wang-lúang**	Königspalast
โรงพยาบาล	**roong-phayaabaan**	Krankenhaus
ตลาด	**dtalaat**	Markt
ตำรวจ	**dtamruat**	Polizei
ไปรษณีย์	**bpraisanii**	Post
ร้านอาหาร	**rāan-aaháan**	Restaurant
รถแท็กซี่	**rōt-thǟksìi**	Taxi
โทรศัพท์	**thoorāsap**	Telefon
ห้องน้ำ	**hòong-nāam**	Toilette

ผม / ฉันหา	**phóm/chān háa ...**	**Ich suche ...**

Ein Mann verwendet **phóm** (ich), eine Frau **chān.** Wonach man sucht, steht am Satzende.

ผม / ฉันหาโรงพยาบาล ครับ/ค่ะ

phóm/chān háa roong-phayaabaan khrāp/khà'
ich(m/w) suchen Krankenhaus HPm/w
Ich suche das Krankenhaus.

อยู่ไกล	**yuu gklai**	Es ist weit.
อยู่ใกล้	**yuu gklài**	Es ist nah.

khwáa (müü)	rechts	ขวา(มือ)
sāai (müü)	links	ซ้าย(มือ)
dtrong (bpai)	geradeaus	ตรง(ไป)
dtrong-khàam	gegenüber	ตรงข้าม

mii ... māi?	**Gibt es ...?**	มี ไหม

mii rāan-aaháan māi khrāp/khā'
haben Restaurant FP HPm/w
Gibt es ein Restaurant?

mii mө·ө māi khrāp/khā'
haben Arzt FP HPm/w
Gibt es einen Arzt?

mii khrāp/khà'	Ja, es gibt.	มี ครับ/ค่ะ
mài mii khrāp/khà'	Nein, gibt es nicht.	ไม่มี ครับ/ค่ะ

khө·ө ...	**Ich bitte um ...**	ขอ
ao ...	**Ich nehme ...**	เอา
dtòng-gkaan ...	**Ich möchte/brauche ...**	ต้องการ

khө·ө chaa khrāp/khà' ขอชาครับ/ค่ะ
Ich möchte Tee.

ao khanóm-bpang khrāp/khà' เอาขนมปังครับ/ค่ะ
Ich nehme ein Brot.

dtòng-gkaan hòong khrāp/khà' ต้องการห้องครับ/ค่ะ
Ich möchte ein Zimmer.

ราคาเท่าไร	**... raakhaathàorai**	**Wie viel kostet ...?**
อะไร	**... a'rai**	**Was ist ...?**

ตั๋วราคาเท่าไรครับ/คะ **dtúa raakhaathàorai khrāp/khā'**
Karte wieviel HPm/w
Wie viel kostet eine Fahrkarte?

นี่เท่าไรครับ/คะ **nìi thàorai khrāp/khā'**
dies wieviel HPm/w
Wie viel kostet das?

นี่อะไรครับ/คะ **nìi arai khrāp/khā'**
dies was HPm/w
Was ist das?

Hauptwörter

Hauptwörter (Substantive) gehören zu den angenehmsten Bestandteilen der Thai-Grammatik. Es gibt weder Artikel noch ein grammatisches Geschlecht, noch Mehrzahlendungen oder Fälle:

rōt	Wagen (Ez), Wagen (Mz), ein/der Wagen, die Wagen
phȕuan	Freund, Freund(e), ein/der Freund, die Freunde

Mehrzahl

Durch Verdopplung eines Hauptwortes, das eine Person bezeichnet, lässt sich auch eine

Mehrzahl bilden. Damit wird aber gleichzeitig ausgedrückt, dass es sich um allgemeine Personengruppen bzw. um irgendwelche, nicht näher bestimmbare Personen handelt.

dek	**dek-dek**
Kind	irgendwelche Kinder
phȕȕan	**phȕan-phȕȕan**
Freund	(irgendwelche) Freunde
yàat	**yàt-yàat**
Verwandte	(irgendwelche) Verwandte

Manchmal verändert sich bei Verdopplung allerdings der erste Selbstlaut.

Geschlecht der Hauptwörter

Hauptwörter haben für sich alleine stehend kein grammatisches Geschlecht. Wenn man das natürliche (wirkliche!) Geschlecht jedoch näher bezeichnen will, hängt man den Zusatz für „männlich“ bzw. „weiblich“ an das betreffende Hauptwort an. Für Menschen gibt es:

Für Tiere und Menschen gibt es unterschiedliche Anhängsel, um das natürliche Geschlecht zu kennzeichnen.

-yíng	weiblich (bei Berufsbezeichnungen)
-sáao	weiblich (bei Verwandtschaftsbezeichnungen)
-chaai	männlich

phùu	Person	**dek**	Kind
phùu-yíng	Frau	**dek-yíng**	Mädchen
phùu-chaai	Mann	**dek-chaai**	Junge

Die eigenen Kinder, auch wenn sie erwachsen sind, heißen **lùuk**, also **lùuk-sáao** (Tochter) und **lùuk-chaai** (Sohn).

Für Tiere gibt es folgende Anhängsel:

เมีย,ผู้	**-miia**	weiblich	**-phùu**	männlich

Zwischen die Tier- und die Geschlechtsbezeichnung wird aber noch das Kategoriewort für Tier **(dtua)** eingesetzt (vgl. Kap. „Kategoriewörter“):

แมวตัวผู้	**mäão-dtua-phùu** *Katze-Tier-männlich*	Kater
แมวตัวเมีย	**mäão-dtua-miia** *Katze-Tier-weiblich*	Katze
วัวตัวผู้	**wua-dtua-phùu** *Rind-Tier-männlich*	Ochse/Stier
วัวตัวเมีย	**wua-dtua-miia** *Rind-Tier-weiblich*	Kuh

Eigenschaftswörter

Eigenschaftswörter (Adjektive) sind wie die Hauptwörter unveränderlich und stehen immer hinter dem Hauptwort, das sie näher beschreiben:

ห้องสะอาด	**hòong sa'aat** *Zimmer sauber*	sauberes Zimmer / Das Zimmer ist sauber.
อาหารอร่อย	**aahǎan aroi** *Essen lecker*	leckeres Essen / Das Essen ist lecker.
ภูเขาใหญ่	**phuu-kháo yai** *Berg groß*	großer Berg / Der Berg ist groß.

Gleichzeitig kann man auf diese Weise schon ohne Verben einfache Sätze bilden, in denen man im Deutschen das Verb „sein“ benötigt (vgl. aber die Ausnahmen im Kap. „sein“). Das Eigenschaftswort übernimmt so auch die Funktion eines deutschen Umstandswortes.

khun súai	*Sie schön*	Sie sind schön.	คุณสวย
kháo ùan	*er/sie dick*	Er/sie ist dick.	เขาอ้วน

Wenn man von einem Eigenschaftswort die gegensätzliche Bedeutung nicht kennt, kann man sich stets mit **mài** (nicht) behelfen, z. B.:

andtaraai	gefährlich	อันตราย
mài andtaraai	nicht gefährlich	ไม่อันตราย
sa'duak	günstig	สะดวก
mài sa'duak	ungünstig/-gelegen	ไม่สะดวก

Eine Reihe von Eigenschaftswörtern entsteht durch Zusammensetzungen mit **nàa** (geneigt zu) bzw. **khìi** (Tendenz zu) und einem Verb:

nàa-rāk	*geneigt-zu-lieben*	niedlich	น่ารัก
nàa-gklua	*geneigt-zu-fürchten*	schrecklich	น่ากลัว
nàa-són-djai	*geneigt-zu-aufmerksam*	interessant	น่าสนใจ
nàa-duu	*geneigt-zu-ansehen*	sehenswert	น่าดู
khìi-níao	*Tendenz-kleben*	geizig	ขี้เหนียว

Steigern & Vergleichen

Den Komparativ bildet man, indem man eines der folgenden Verben dem Eigenschaftswort nachstellt. Gleichzeitig wird damit auch das Verhältnis zum „früheren Zustand“ und der Verlauf gekennzeichnet.

Komparativ (1. Steigerungsstufe)

Ob man **khȕn** *oder* **long** *verwendet, hängt von der Aussage des Eigenschaftswortes ab.*

khȕn	*aufsteigen/hinauf*	mehr
long	*absteigen/hinunter*	mehr

khun ùan khȕn
Sie dick hinauf
Sie sind dicker (geworden).

kháo pho·om long
er/sie dünn hinunter
Er/sie ist dünner (geworden).

s̲abaai dii khȕn
Wohlbefinden gut hinauf
Mir geht's besser.

nō̄oi long
wenig hinunter
Es wird weniger.

Superlativ (2. Steigerungsstufe)

thìi-su̲t	am meisten

Den Eigenschaftswörtern wird beim Superlativ oft noch das Relativpronomen **thìi** *(welcher) vorangestellt.*

roong-rääm phääng thìi-su̲t
Hotel teuer am-meisten
das teuerste Hotel

phuu-kháo (thìi) súung thìi-su̲t
Berg (welcher) hoch am-meisten
der höchste Berg

... dii *... gut*	ganz ..., sehr ...
... bpen phīseet *... sein besonders*	besonders ...
... bpen yaang yìng *... sein Art äußerst*	äußerst ...

Eine Betonung erreicht man durch nebenstehende Konstruktionen (anstelle der Pünktchen steht das Eigenschaftswort).

vergleichen

gkwaa	...-er als, mehr ... als

wan-nīi dii gkwaa phrùng-nīi
Tag-dieser gut mehr-als morgen
Heute ist besser als morgen.

gkrung-thèep yai gkwaa chiang-mai
Bangkok groß mehr-als Chiang-Mai
Bangkok ist größer als Chiang Mai.

nōoi gkwaa
wenig mehr-als
weniger

màak gkwaa
viel mehr-als
mehr

Zusammen mit Zahlenangaben wird **gkwaa** *(mehr als) wie in den folgenden Beispielen verwendet.*

raakhaa phan-hàa-rōoi gkwaa
Preis tausend-fünf-hundert mehr-als
Der Preis ist höher als 1500 (Baht).

bpai phathaya chāi weelaa so·ong chùa-moong gkwaa
gehen Pattaya gebrauchen Zeit zwei Stunden mehr-als
Nach Pattaya braucht man mehr als zwei Stunden.

mŭan-gkap, mŭan-gkan, thào-gkap, diao-gkap/-gkan *gleich/ähnlich-mit*	so ... wie

manila rōon thào-gkap gkrung-thèep
Manila heiß gleich-mit Bangkok
Manila ist so heiß wie Bangkok.

Persönliche Fürwörter

Wie die meisten südost- und ostasiatischen Sprachen hat Thai mehrere Wörter für „ich" und „du/Sie", weil in einer senkrecht strukturierten Gesellschaft kaum jemand genau denselben Status wie ein anderer hat. Nach oben hin gilt es, in abgestufter Form Respekt zu bezeugen, nach unten hin ist man weniger höflich.

Man braucht keine Angst zu haben, ins Fettnäpfchen zu treten: Allein die Bemühungen, Thai zu sprechen, werden Tag für Tag belohnt.

Die Thai wissen, dass die fein abgestimmten Regeln der Sprache und des Verhaltens von Ausländern nicht beherrscht werden können. Andererseits legen sie großen Wert auf Höflichkeit. Mit den hier vorgeschlagenen Fürwörtern liegt man im Grunde immer richtig, auch wenn man damit „nach unten" höflicher als erwartet ist. Mit natürlicher Freundlichkeit kann man stets sein Gesicht bewahren **(gkùu nàa)**, und kein Thai wird das Gesicht verlieren **(sía nàa)**, wenn man unbeabsichtigt unhöflich **(mài suphàap)** war.

ich	**phóm** (m), **(di-)chān** (w)
(du) Sie, ihr	**khun**
er, sie (Ez+Mz)	**kháo**
wir	**rao**

Wer noch feinere Abstufungen für den Gebrauch der persönlichen Fürwörter kennen lernen möchte, sollte weiterlesen.

ich

Männer verwenden **phóm** (ich, m); **chān** u. U. gegenüber „Niedrigergestellten". Frauen hingegen sagen **di-chān**, unter Freunden **chān**. **Di-chān** wird heute unter Thai seltener benutzt, wird aber gern gehört, wenn besondere Höflichkeit angebracht ist.

du, Sie, ihr

khun ist die übliche, höfliche Anrede, die etwa dem deutschen „Sie" entspricht. Auch vertrauteren Personen und Freunden gegenüber wird sie verwendet. Dem Namen vorangestellt bedeutet es „Herr ..." oder „Frau ...". Gegenüber Mönchen und hochgestellten Personen verwendet man **thàn** (Exzellenz). **thö** ist eine vertraulichere Anrede und wird oft von Frauen untereinander bzw. zwischen Mann und Frau/ Freundin und auch gegenüber Hausangestellten, älteren Kindern u. a. benutzt. Kleine Kinder (etwa bis 10 Jahre) werden gern **núu** (Mäuschen) genannt. Gute Freunde und Hausangestellte etc. kann man auch einfach mit ihrem Namen anreden. In der Anrede wird kein Unterschied zwischen Ein- und Mehrzahl gemacht.

Die persönlichen Fürwörter der 2. Person (du, Sie, ihr) gelten übrigens meist auch für die 3. Person (er, sie).

Westliche Europäer **(farang)** werden von weniger Gebildeten übrigens nicht selten mit **yuu** (engl. *you*) angeredet. Thai untereinander verwenden bei der Anrede lieber Titel oder Verwandtschaftsbezeichnungen, etwa so:

nōong djá', phìi mài mii weelaa
jüngere-Schwester HPw, ältere-Schwester nicht haben Zeit
Du, ich habe keine Zeit..
(sagt die Ältere, ohne dass die beiden miteinander verwandt sein müssen)

er, sie (Ez/Mz)

Für die dritte Person wird immer **kháo** verwendet, man benutzt es allerdings ziemlich selten (s. o.). Gute Freunde benutzen auch **gkää**. Das deutsche unpersönliche „es" wird im Thai normalerweise nicht ausgedrückt, es sei denn, etwas soll betont werden; in diesem Fall wird **man** benutzt und zwar recht häufig, z. B. **man rōon** (es ist heiß); aber manchmal hat es eine abfällige Bedeutung, etwa „der/die/das da" mit Verachtung ausgesprochen.

Der richtige Gebrauch von **man** *ist Übungssache!*

wir

Es genügt **rao** (wir), das unter Gleichgestellten manchmal für „ich" bzw. unter Niedriggestellten für „du, ihr" benutzt wird. Gern wird auch **phùak-rao** (wörtl.: „Gruppe-wir" = unsere Gruppe) für „wir" verwendet.

Besitzanzeigende Fürwörter

Besitzanzeigende Fürwörter werden mit **kho·ong** (von, gehörend) und dem entsprechenden persönlichen Fürwort kombiniert; das Ganze steht dann hinter dem Hauptwort. Meistens genügt es sogar, nur das persönliche Fürwort hinter das Hauptwort zu stellen und **kho·ong** wegzulassen.

kho·ong *wird auch für zusammengesetzte Hauptwörter gebraucht; das Prinzip der Bildung ist dasselbe.*

kho·ong (von)	+	persönliches Fürwort

bàan kho·ong phóm
Haus von ich
mein Haus

bia kho·ong khun
Bier von Sie
Ihr Bier

Dieses & Jenes / Hier & Dort

Die drei hinweisenden Fürwörter des Thai spiegeln jeweils einen gewissen Grad der Entfernung vom Sprecher wieder.

dieses & jenes

nīi	**nān**	**nōon**
diese(r, -s)	jene(r, -s)	jene(r, -s) (dort)

nīi wird für Gegenstände benutzt, die dem Sprecher sehr nah sind, und **nōon**, wenn sie vom Sprecher sehr weit entfernt sind bzw. mit bloßem Auge nicht mehr zu sehen sind.

Dieses & Jenes / Hier & Dort

Die hinweisenden Fürwörter stehen wie Eigenschaftswörter hinter dem Hauptwort, auf das sie sich beziehen.

phóm/chān yu̲u thìi roong-rääm nı̄i khrāp/khà'
ich(m/w) sich-befinden Ort Hotel dieses HPm/w
Ich wohne in diesem Hotel.
(**yu̲u** bei längerem Aufenthalt!)

nangsűü lèm-nı̄i	**thaang nōon**
Buch KW-dieses	*Weg-dort*
dieses Buch	jener Weg

Achtung: In den meisten Fällen muss ein Kategoriewort verwendet werden. Steht das Hauptwort in der Mehrzahl, wird das hinweisende Fürwort mit **la̲o** oder **phùak** (Gruppe) kombiniert. Beide Wörter stehen dann hinter dem Hauptwort:

thaang la̲o-nı̄i	**nangsűü la̲o-nān**
Weg Gruppe-diese	*Buch Gruppe-jene*
diese Wege	jene Bücher

hier & dort

nìi	**nàn**	**nòon**
dies	das	das da (hinten)

nìi khüü bàan phòo-mää chān
dies sein Haus Vater-Mutter ich(w)
Dies ist das Haus meiner Eltern.

(nàn) thūrian khà'
(das) Durian HPw
Das ist eine Durian.

thìi-nìi	*Ort-dies*	hier
thìi-nàn	*Ort-das*	da
thìi-nòon	*Ort-das-da*	dort hinten / dort

chaai-haat yuu thìi-nòon
Strand sich-befinden Ort-das-da
Der Strand ist dort (hinten).

Verben & Zeiten

Dieser Abschnitt gehört in den meisten Sprachen zu den schwierigeren Teilen der Grammatik, nicht so im Thai: Verben (Tätigkeitswörter) werden nicht gebeugt. Zeiten und Aspekte werden durch kleine Partikel, Zeitbegriffe, Umstandswörter oder voran- bzw. nachgestellte Hilfsverben ausgedrückt.

Im Thai gibt es sehr oft Ketten aneinandergereihter Verben, die die einzelnen Schritte einer Handlung logisch darstellen. Häufig sind auch Verbpaare, bei denen beide Verben ähnliche Aspekte einer Handlung ausdrücken oder sogar gleichbedeutend sind. Die meisten Verben sind übrigens einsilbig und von anderen Wortarten nicht zu unterscheiden. Persönliche Fürwörter werden weggelassen, wenn sie zum Verständnis nicht notwendig sind.

Gegenwart

chān aan nangsǘü-phim
ich(w) lesen Buch-drucken
Ich lese Zeitung.

Will man ausdrücken, dass eine Handlung gerade abläuft, stellt man **gkamlang** *(gerade) voran oder* **yuu** *(sein, sich befinden) hintenan.*

wipa gkamlang gkin-khàao
Wipa gerade essen-Reis
Wipa isst gerade.

kháo tham gkap-khàao yuu
er/sie machen mit-Reis sich-befinden
Er/sie kocht gerade.

Beachte: **gkin-khàao** bedeutet nicht nur „Reis essen“, sondern auch ganz allgemein „essen“, ebenso wird **gkap-khàao** nicht nur für Gerichte „mit Reis“ gebraucht, sondern auch ganz allgemein für „Speisen“.

Vergangenheit

Da Verben im Thai nicht gebeugt werden, kann man die Vergangenheit am einfachsten durch Zeitangaben, die sich auf die Vergangenheit beziehen (z. B. „gestern“), ausdrücken. Eine andere einfache Möglichkeit ist, **lǟäo** (schon, bereits) an das Satzende zu stellen.

mǜa-waan-nīi fään gklap bàan
gestern Freund zurückkehren Haus
Mein(e) Freund(in) kam gestern nach Hause.

fään gklap bàan lääo
Freund zurückkehren Haus schon
Mein(e) Freund(in) ist (schon) nach Hause gekommen.

Außerdem kann insbesondere die verneinte Vergangenheit durch die dem Verb vorangestellte Partikel **dài** ausgedrückt werden. In der Wort-für-Wort-Übersetzung steht deshalb die Abk. „VERG." (Als alleinstehendes Verb heißt **dài** „bekommen".)

mài dài bpai surin khrāp/khà'
nicht VERG. gehen Surin HPm/w
Ich bin nicht nach Surin gefahren.

dài yuu gkrung-thèep
VERG. sich-befinden Bangkok
Ich war in Bangkok.

Beachte: Im Thai gibt es zwar das Verb „sein"; man unterscheidet jedoch zwischen verschiedenen Bedeutungsvarianten (s. Kap. „sein"). In Sätzen wie „Ich war in Bangkok." verwendet man im Thai **yuu** (sich befinden).

Zukunft

Die Partikel **dja'** (in der Wort-für-Wort-Übersetzung steht dafür „ZUK.") drückt aus, dass etwas in der Zukunft passiert, kann aber bei eindeutigen Zeitangaben weggelassen werden.

ba̲ai nīi phóm/chān (dja̲') bpai sǖü khɵ·ɵng
Nachmittag dieser ich(m/w) (ZUK.) gehen kaufen Sachen
Heute Nachmittag werde ich einkaufen gehen.

phrùng-nīi dja̲' ɵ̲ɵk döön thaang
Morgen dieser ZUK. hinaus gehen Weg
Morgen reise ich ab.

allgemeine Zeitangaben

wan-nīi	heute
wan-nīi dtɵɵn ...	heute (+ Tagesabschnitt)
wan-nīi dtɵɵn chāao	heute Vormittag
mǜa-chāao-nīi	heute Vormittag (schon vorbei)
mǜa-waan-nīi	gestern
mǜa-khüün-nīi	gestern Abend/Nacht
mǜa-waan-süün	vorgestern
phrùng-nīi	morgen
marüün-nīi	übermorgen
aathīt gkɵ̲ɵn/ thìi-lǟäo	letzte Woche
bpii-/düüan-/ aathīt-nàa	nächste(r/-s) Jahr/ Monat/Woche
dtɵɵn gklaang wan/ khüün	tagsüber/nachts
dtɵɵn chāao/ba̲ai/ yen	vor-/frühnach-/spät-nachmittags
i̲ik ... wan/aathīt	in ... Tagen/Wochen
mǜa ... maa lǟäo	vor ...

mǜa (sáam) bpii maa lǟäo	vor (drei) Jahren
thìi nä̀ä-noon	genau
rā'waang ... thü̂ng ...	von ... bis ..., zwischen ... und ...
láng ... - gkoon ...	nach ... - vor ...
khana'-nīi, diáo-nīi	jetzt
than-thii	sofort
nai reo-reo-nīi, nai-mài-chāa	bald
phö̀ng, mǜa ... nīi-eeng	gerade (vorbei)
mǜa-(dta-)gkìi-nīi	vorhin, gerade eben
naan-maa-lǟäo	schon lange her
booi-booi	oft
dtaam-thammadaa	normalerweise
baang-thii, baang-khrāng	manchmal
dtaloot-wan, thang-wan	den ganzen Tag
bpradjam-wan	täglich
bpradjam-düüan	monatlich
than-weelaa, dtrong-weelaa	rechtzeitig, pünktlich
naan	lange

sein

Anders als in den meisten europäischen Sprachen benötigt man das Verb „sein" nur in seltenen Fällen. **bpen** (sein) wird nur in einem ganz bestimmten Zusammenhang verwendet,

Verben & Zeiten

Stellt man eine Person oder einen Gegenstand erstmals vor, verwendet man oft **khüü** *(sein). „Sein“ im Sinne von „sich befinden“ heißt* **yuu**.

und zwar dann, wenn die Ergänzung der Satzaussage (Prädikat) ein Hauptwort und kein Eigenschaftswort ist. Vergleichen Sie:

khun bpen khài
Sie sein Fieber
Sie haben Fieber.

kháo bpen leekháanūgkaan
sie sein Sekretärin
Sie ist Sekretärin.

khun súai
Sie schön
Sie sind schön.

aahǎan arɵɵi
Essen schmackhaft
Das Essen ist schmackhaft.

nìi khüü daao
dies sein Dao
Das ist Dao.

nìi khüü rōt mai
dies sein Auto neu
Das ist das neue Auto.

bpraasaat yuu thìi-nòon
Schloss sich-befinden Ort-das-da
Das Schloss ist dort (hinten).

können, wollen, möchten ...

chɵ̀ɵp	mögen
yaak (dja')	möchten, wollen
dtɵ̀ng-gkaan (dja')	benötigen, brauchen
ao	wollen
dtɵ̀ng (dja')	müssen
khuan (dja')	sollen

phóm/chān chòop aaháan thai
ich(m/w) mögen Essen Thai
Ich mag die Thai-Küche.

khun dja' ao arai khrāp/khā'
Sie ZUK. nehmen was HPm/w
Was möchten Sie?

khun dtòng-gkaan gkii hòong
Sie brauchen wieviele Zimmer
Wie viele Zimmer wünschen/brauchen Sie?

mài dtòng ... (+ Verb)	nicht ... müssen
dtòng mài ... (+ Verb)	nicht ... dürfen

können

Das deutsche Verb „können" wird im Thai je nach konkreter Bedeutung durch verschiedene Verben ausgedrückt. **sáamàat (dja')** entspricht am ehesten dem deutschen „können".

__sáamàat (dja')__ kann mit anderen Verben eigentlich immer (in jeder Bedeutung) kombiniert werden. Es wird aber weniger häufig verwendet.

kháo sáamàat khap rōt
er/sie können lenken Wagen
Er/sie kann Auto fahren.

(Verb +) **... dàai**	„können" (allgemein), v. a. im Sinn von „dürfen"

phùut thai dài māi	**dàai**	**mài dàai**
sprechen Thai können FP	*können*	*nicht können*
Können Sie Thai sprechen?	Ja.	Nein.

Im nebenstehenden Satz wäre __bpen__ (sein) eigentlich korrekt, aber __dàai__ wird häufiger benutzt.

(Verb +) **... bpen** „können“ im Sinne von Wissen und Fertigkeiten

kháo lèn gkɵ̄ɵp bpen
er/sie spielen Golf können
Er/sie kann Golf spielen.

(Verb +) **... wáai** „können“ im Sinne körperlicher Fähigkeit

i̱m lǟäo thaan i̱ik mài wáai
voll schon essen zusätzlich nicht können
Ich bin schon satt, ich kann nichts mehr essen.

thǘü wáai māi (**thǘü** = „mit der Hand tragen“)
tragen können FP
Können Sie (es) tragen?
(im Sinne: Ist es auch nicht zu schwer?)

hài

Im Deutschen lassen sich Konstruktionen mit **hài** *je nach Sinnzusammenhang unterschiedlich wiedergeben.*

Das Verb **hài** hat eine Reihe von unterschiedlichen Bedeutungen; das hängt vom Inhalt jeden Satzes ab. **hài** tritt als vermittelndes Element zwischen Satzgegenstand und Satzergänzung. Die Bedeutung dieses Wortes kann man sich mit „übertragen, geben, überlassen, einwirken“ verdeutlichen.

„geben“

hài nangsǘü lèm nīi gkä̱ä aadjaan suban
übertragen Buch Band dies zu Lehrer Suban
Gib dieses Buch Herrn Suban.

khun mää mài yom hài chān bpai phathaya
Frau Mutter nicht zustimmen übertragen ich(w) gehen Pattaya
Meine Mutter will nicht, dass ich nach Pattaya fahre.

„veranlassen, lassen, gestatten“

song ngön bpai hài kháo
schicken Geld gehen für sie
Schicke ihr (das) Geld.

„für jemanden etwas tun“, „für“

chān dja' tham hài kháo
ich(w) ZUK. machen für er
Ich werde es für ihn tun.

book kháo hài thoorasap maa háa phóm/chān
sagen er/sie übertragen telefonieren kommen zu ich(m/w)
Richten Sie ihm/ihr (bitte) aus, dass er/sie mich anrufen soll.

Aufforderung

gkarūnaa thoo maa hài dàai
bitte anrufen kommen übertragen können
Bitte ruf unbedingt / auf jeden Fall an.

dtòng tham hài sa'aat
mussen machen übertragen sauber
Machen Sie es sauber.

khun wannii nā'nam hài phóm maa háa khun
Frau Wannee empfehlen übertragen(dass) ich(m) kommen suchen Sie
Frau Wannee empfahl mir, dass ich Sie besuchen komme.

nach Verben wie „machen, empfehlen, wollen“

Bindewörter

Die Bindewörter (Konjunktionen) werden im Prinzip wie im Deutschen verwendet.

lǟ'	und
lǟäo gkɵ̀'	und dann, anschließend
gkap, gka', dùai	mit, und
rű̈ü	oder
dtää	aber, nur
mǜa	als, zur Zeit als ...
gkɵɵn	bevor
láng-djaak	nach(dem)
weelaa, dtɵɵn	während
rā'waang, khana'-thìi	während, zwischen
thàa ... (gkɵ̀')	falls ... (dann)
phrō'(wàa)	weil
phrō'-chanān, djüng	deshalb
(thű̈ng)mǟä wàa	obwohl
wàa	dass, ob
thìi, sǜng	der, die, das, welche(r, -s)

phóm gkap khun
ich(m) mit Sie
ich und Sie/du

thanón thìi bpai gkrung-thèep
Straße welche gehen Bangkok
die Straße, die nach Bangkok führt

ao chaa sai nom rűü sai ma'naao
nehmen Tee hineingeben Milch oder hineingeben Zitrone
Nehmen Sie den Tee mit Milch oder Zitrone?

chān yaak dja' bpai dtää mài mii dtaang
ich(w) möchten ZUK. gehen aber nicht haben Geld
Ich würde gern fahren, aber ich habe kein Geld.

kháo mài sabaai djüng nɵɵn-lap yuu
sie nicht wohl deshalb liegen schlafen sich-befinden
Sie ist krank, deshalb schläft sie noch.

mài rūu wàa dja' wàang rűü bplaao
nicht wissen dass ZUK. frei oder leer
Ich weiß nicht, ob ich Zeit haben werde.

thàa chān mii weelaa (gkɵ̀) dja' bpai dùai
falls ich(w) haben Zeit (dann) ZUK. gehen mit
Falls ich Zeit habe, fahre ich mit.

mṻa phóm bpai maleesiaa fón dtok nak
als ich(m) gehen Malaysia Regen fallen schwer
Als ich nach Malaysia fuhr, regnete es stark.

Verhältniswörter

Bei Richtungsangaben werden Verben und Verhältniswörter (Präpositionen) oft gewissermaßen doppelt gemoppelt:

khào bpai khàng-nai
betreten gehen Seite-innen
hineingehen

ook bpai khàng-nòok
herausgehen gehen Seite-draußen
herausgehen

khûn bpai khàng-bon
aufsteigen gehen Seite-oben
nach oben gehen/hinaufsteigen

long bpai khàng-làang
absteigen gehen Seite-unten
hinuntergehen/absteigen

gkap, gka', dùai	mit
dooi	mittels, durch
hài, sámrap, phûa	für, um zu
gklài-gkap	nahe(bei)
chît	nahebei
thìi (Ort)	in, bei
nai	in, innerhalb
nā (+ Ortsangabe)	in, bei
bpradjam	bei
djaak	von, aus
djon-thûng	bis

(thǘng) khä̀ä	bis, nicht weiter als ...
dtaam	entlang (folgend)
dtaam-thīi *entlang-welcher*	gemäß
thaang *Weg*	(in, aus) Richtung
(khàng-)nàa *(Seite-)Gesicht*	vorn, vor
(khàng-)láng *(Seite-)Rücken*	hinten, hinter
(khàng-)nǘa/-bon *(Seite-)Norden/-oben*	oben, über, auf
(khàng-)dtàai/-làang *(Seite-)Süden/-unten*	unten, unter
(khàng-)nai *(Seite-)innen*	innen, drinnen
(khàng-)nɵ̀ɵk *(Seite-)außen*	außen, draußen
gklaang *Mitte*	in der Mitte
(khàng-)khàng *(Seite-)Seite*	neben
dtrong	geradeaus
dtrong-nīi *geradeaus-dieser*	genau hier
dtrong-khɑ̀ɑm *geradeaus-überqueren*	gegenüber
dtrong-gklaang *geradeaus-Mitte*	genau in der Mitte
sāai (müü) *linke (Hand)*	links
khwáa (müü) *rechte (Hand)*	rechts

Höflichkeitspartikeln

Da, wo es die Höflichkeit gebietet, wird an das Satzende eine Höflichkeitspartikel, die für Männer (abgekürzt: HPm) und Frauen (HPw) unterschiedlich ist, angehängt.

Die Höflichkeitspartikel steht immer am Satzende und sollte z. B. auch der allgemeinen Begrüßungsformel nachgestellt werden.

für männl. Sprecher	**khrāp** (Bangkok: **khāp**)
für weibl. Sprecher ...	
in Bitten, Fragen	**khā'**
in Antwort, Bestätigung	**khà'**

sawat-dii khrāp/khà'
Tag-gut HPm/w
Guten Tag!

Auch beim Fragen wird sie immer gebraucht. Stimmt der Gefragte zu, antwortet er lediglich mit der Höflichkeitspartikel, z. B.:

khun bpen chaao yööraman rűü bplaao khrāp/khā'
Sie sein Mensch deutsch oder leer HPm/w
Sind Sie Deutsche(r) oder nicht?

bplaao / mài khrāp/khà'	**khrāp/khà'**
leer / nicht HPm/w	*HPm/w*
Nein.	Ja.

Die umgangssprachlichen Varianten der Höflichkeitspartikeln sind **hā'** *oder* **nā hā'** *(HPm) bzw.* **hàa, hāa** *(HPw).*

bpen chaao sawīt khrāp/khà'
sein Mensch Schweiz HPm/w
Ich bin Schweizer(in).

Fragen

Wie im Deutschen wird zwischen Entscheidungs- und Ergänzungsfragen unterschieden.

Entscheidungsfragen

Entscheidungsfragen sind Fragen, auf die man nur mit Ja oder Nein antworten kann. Die Satzstellung ist wie im Aussagsatz, außer dass die Fragepartikel **māi** an das Satzende gestellt wird. Die Fragepartikel („FP") hat die Aufgabe, den Satz als Frage zu kennzeichnen.

khun dja' bpai yala māi khrāp/khā'
Sie ZUK. gehen Yala FP HPm/w
Werden Sie nach Yala fahren?

(mài) bpai khrāp/khà'
(nicht) gehen HPm/w
(Nein.) Ja.

ao gkafää māi
nehmen Kaffee FP
Möchten Sie Kaffee?

(mài) ao khrāp/khà'
(nicht) nehmen HPm/w
(Nein.) Ja.

Im Thai gibt es kein Wort für „ja" oder „nein", wie man an den obigen Beispielen sehen kann. Die Antwort wiederholt meistens einen Teil der Frage. Wird die Frage bejaht, genügt aber auch nur die Höflichkeitspartikel **khrāp** (für Männer), noch höflicher für Männer ist **khrāphóm,** und **khà'** (für Frauen). Außerdem kann man sagen:

chài khrāp/khà'	**mài chài khrāp/khà'**
zutreffen HPm/w	*nicht zutreffen HPm/w*
Ja.	Nein.

Wenn man eine Frage stellt und gleichzeitig Zustimmung bzw. Bestätigung erwartet, stellt man **chài** (wörtl.: „zutreffen", etwa: stimmt's, nicht wahr?) vor die Fragepartikel:

khun dja' bpai chiang-mai chài māi
Sie ZUK. gehen Chiang-Mai zutreffen FP
Sie fahren nach Chiang Mai, nicht wahr?

(mài) chài khrāp/khà'
(nicht) zutreffen HPm/w
(Nein.) Ja.

Wenn man eigentlich nicht an eine positive Antwort auf die eigene Frage glaubt, setzt man **lőö** (etwa: „wirklich?, oder?") ans Satzende:

djing-djing lőö
wirklich-wirklich FP
Wirklich?

Erwartet man auf eine Frage eine Antwort, die schon bekannt ist, setzt man **nā** *(etwa: nicht wahr?) an das Satzende.*

khào-djai nā
hineinbewegen-Herz FP
Du verstehst schon, nicht wahr?

arai nā
was FP
Wie bitte?

nā *wird auch eingesetzt, um die Frage weniger abrupt und angenehmer (freundlicher) klingen zu lassen.*

Eine andere Möglichkeit ist die Frage mit **rǘü (bplaao)** (wörtl.: „oder (leer)“, etwa: oder (nicht)?). **rǘü** (oder) wird in der Umgangssprache meist zu **lö́ö**.

khun dja' bpai phuugket rǘü/lö́ö
Sie ZUK. gehen Phuket oder
Stimmt's, dass Sie nach Phuket fahren?

bpai	**mài bpai**
gehen	*nicht gehen*
Ja.	Nein.

bpai dùai rǘü bplaao
gehen mit oder leer
Gehen Sie mit?

bpai.	**bplaao**	**mài bpai**
gehen.	*leer*	*nicht gehen*
Ja.	Nein.	Nein.

sabaai-dii lö́ö	**sabaai-dii khɵɵp-khun**
wohl-gut oder	*wohl-gut danke-Sie*
Geht's gut?	Danke, gut.

mài sabaai
nicht wohl
Nicht gut.

Ergänzungsfragen

khrai / an-nái	wer? / welche(r, -s)?
arai	was?
khɵ·ɵng khrai	wessen?
von wer	
gkap khrai	mit wem?
mit wer	
thìi-nái	wo?
Ort-welcher	
nái	wohin?
thammai	warum, weshalb?
yaangrai, yangngai	wie?
thàorai	wie viel?
Hauptwort + **gkii** + KW	wie viele …?
naan thàorai	wie lange?
Zeit wieviel	
mʉ̂arai	wann?
wan thìi thàorai	wann, an welchem
Tag Ort wieviel	Tag?

Die Fragewörter stehen in der Regel am Satzende; nur **khrai** (wer?), auch **thammai** (warum?) stehen meistens am Anfang.

roong-rääm „thai-hoten" yuu thìi-nái
Hotel „Thai-Hotel" sich-befinden Ort-welcher
Wo ist das „Thai-Hotel"?

rōt gkii khan
Wagen wieviele KW
Wie viele Autos?

kháo dja' thŭ̂ng mŭ̂arai
sie ZUK. ankommen wann
Wann wird sie ankommen?

tham yangngai
machen wie
Wie macht man das?

nìi bpen khɵ·ɵng khrai
dies sein von wer
Wem gehört das?

nàn arai khrāp/khā'
das was HPm/w
Was ist das?

Verneinung

Verben werden durch vorangestelltes **mài** (nicht) verneint.

mài khào-djai
nicht hineinbewegen-Seele
Ich verstehe nicht.

mài mii bpanháa
nicht haben Problem
Kein Problem!

khun dja' bpai cha'-am māi
Sie ZUK. fahren Cha-Am FP
Werden Sie nach Cha-Am fahren?

mài bpai chā'-am
nicht fahren Cha-Am
Nein, werde ich nicht.

Die verneinende Vergangenheit wird durch vorangestelltes **mài dài** ausgedrückt; **mài dàai** nach dem Verb bedeutet jedoch „nicht können"! Beide Wörter werden im Thai gleich geschrieben, aber unterschiedlich lang ausgesprochen.

yang mài dài bpai
noch nicht VERG. gehen
Ich bin noch nicht gegangen/gefahren.

bpai mài dàai
gehen nicht können
Ich kann nicht gehen.

kein, niemand, nichts, überhaupt nicht

Diese folgenden negativen unbestimmten Fürwörter werden ebenfalls durch verneinte Verben ausgedrückt:

mài mii arai *nicht haben was*	nichts
mài mii khrai *nicht haben wer*	niemand
mài mii (+ Hauptwort) *nicht haben ...*	kein ...
mài ... lööi *nicht ... überhaupt*	überhaupt nicht

kháo mài bpai lööi
er/sie nicht gehen überhaupt
Er/sie fährt überhaupt nicht.

mài mii khrai maa yìam
nicht haben wer kommen besuchen
Niemand kam zu Besuch.

Auffordern

Es gibt keine Befehlsform des Verbs. Ein Aufforderungssatz unterscheidet sich nicht von einem normalen Aussagesatz:

phùut thai
sprechen Thai
Sprich/sprechen Sie Thai!

nàng long thìi-nìi
sitzen herunterbewgen Ort-dieser
Setz dich/setzen Sie sich hierhin

maa nìi
kommen hier
Komm/kommen Sie her!

maa duu arai nìi
kommen sehen was hier
Kommen Sie, schauen Sie sich das an!

Eine starke Aufforderungspartikel ist **si**:

Je nach Situation und Intensität der Aufforderung werden jedoch oft bestimmte Aufforderungspartikel (abgekürzt: AP) an das Satzende angehängt.

phùut thai si
sprechen Thai AP
Sprechen Sie doch Thai!

bpai si
gehen AP
Geh doch!, Hau ab!

nā und **thö'** dagegen sind mildere Aufforderungspartikel, die mehr einen Wunsch oder eine milde Aufforderung ausdrücken:

maa iik nā
kommen wieder AP
Kommen Sie mal wieder (vorbei).

bpai (gkoon) thö'
gehen (schon) AP
Gehen Sie (schon vor), bitte.

Natürlich kann man auch mit dem formellen **bproot** *(bitte) oder dem gebräuchlicherem* **gkarūnaa** *Wünsche äußern. Verbote werden durch* **yaa** *(nicht!) oder* **hàam** *(verboten), das dann vor dem Verb steht, ausgedrückt.*

gkarūnaa khooi phóm/chān dùai
bitte warten ich(m/w) mit
Bitte warten Sie auf mich.

yaa lüüm thoo(rasap) maa
nicht vergessen anrufen kommen
Vergessen Sie nicht anzurufen!

hàam suup-burii
verboten rauchen
Rauchen verboten!

hàam khào
verboten hereingehen
Einfahrt verboten!

hàam djoot
verboten parken
Parken verboten!

Rückbezügliche Partikel (sich)

Rückbezügliche Fürwörter wie in europäischen Sprachen gibt es nicht.

Die Rückbezüglichkeit ist in den jeweiligen Verben enthalten, z. B. **djam** *(sich erinnern).*

phóm/chān (dtua) eeng
ich(m/w) (Körper) selbst
ich selbst

khun tham eeng dàai
Sie machen selbst können
Sie können es selbst machen.

tham dùai dton-eeng
machen mit sich-selbst
Machen Sie es selbst.

Zahlen

Das thailändische Zahlensystem stammt aus dem Chinesischen. Es ist einfach und logisch. Man muss insgesamt nicht einmal zwanzig Wörter kennen.

Ziffern in Thai-Schrift

0	๐	1	๑	2	๒	3	๓	4	๔
5	๕	6	๖	7	๗	8	๘	9	๙

Grundzahlen

0	**súun**	10	**sip**
1	**nüng; et**	11	**sip-et**
2	**so·ong**	12	**sip-so·ong**
3	**sáam**	13	**sip-sáam**
4	**sii**	14	**sip-sii**
5	**hàa**	15	**sip-hàa**
6	**hok**	16	**sip-hok**
7	**djet**	17	**sip-djet**
8	**bpäät**	18	**sip-bpäät**
9	**gkàao**	19	**sip-gkàao**

Achtung: In Zusammensetzungen heißt 1 nicht **nüng**, *sondern* **et**!

20	**yii-sip**	100	**(nüng-)rōoi**
21	**yìi-sip-et**	200	**so·ong-rōoi**
22	**yìi-sip-so·ong**	500	**hàa-rōoi**
	etc.		etc.
30	**sáam-sip**	1000	**(nüng-)phan**
31	**sáam-sip-et**	3000	**sáam-phan**
40	**sii-sip** etc.	5000	**hàa-phan**

Ausnahme: 20 heißt nicht **so·ong-sip** *und wird oft verkürzt zu* **yìip**!

10.000	**(nüng-)müün**
30.000	**sáam-müün**
100.000	**(nüng-)sä́än**
600.000	**hok-sä́än** etc.
1.000.000	**(nüng-)lāan**
4.000.000	**sii-lāan**
1.000.000.000	**phan-lāan**

djet-rōoi sáam-sip-hok
sieben-hundert drei-zehn-sechs
736

müün bpäät-phan hàa-rōoi
zehntausend acht-tausend fünf-hundert
18.500

Ordungszahlen

Ordnungszahlen werden durch **thìi-** *(welche/r/-s) und der jeweiligen Grundzahl gebildet.*

thìi-nüng	erste(r), erstens
thìi-so·ong	zweite(r), zweitens
thìi-sáam	dritte(r), drittens

khrāng rä̀äk/sutthāai (Achtung Ausnahme!)
Mal erstes/letztes
das erste/letzte Mal

Bruchzahlen

Bruchzahlen werden mit **set ... suan ...** *gebildet.*

1/2	**khrǜng**
1/3	**set-nüng-suan-sáam**
1/4	**set-nüng-suan-sii**
3/4	**set-sáam-suan-sii**

Hausnummern

In den langen Straßen Bangkoks gibt es manchmal etwas verwirrende Hausnummern, z. B. 175/9. Das liest sich so:

bàan lèek-thìi rōoi dje̲t-si̲p-hàa thāp gkàao
Haus Nummer hundert sieb-zig-fünf Schrägstrich neun
Haus Nr. 175/9

Kategoriewörter & zählen

Kategoriewörter (abgekürzt: „KW"), auch Klassifikatoren genannt, sind Hauptwörter, die zum Zählen von Lebewesen und Gegenständen gebraucht werden. Manche dieser Kategoriewörter werden noch als eigenständige Hauptwörter benutzt, wie z. B. **bai** (Blatt); die meisten Kategoriewörter jedoch werden nicht mehr selbstständig verwendet. Das Kategoriewort stellt meistens einen Oberbegriff zum jeweiligen Gegenstand, der gezählt werden soll dar, z. B. bedeutete **lèm** ursprünglich „Buchrücken" und wird heute nur noch als Kategoriewort (Zählwort) für „Bücher" verwendet.

Insgesamt kennt das Thai fast achtzig Kategoriewörter. Aber nur die wichtigsten werden hier aufgeführt. Gezählt wird nach dem Muster „Hauptwort + Zahl + Kategoriewort" (s. Kap. „zählen").

an	kleine Gegenstände, Kämme **(wíi)**, Brillen **(wȁän-dtaa)**, Fächer **(phāt)**
bai	(runde) Früchte **(phónlamāai)**, Eier **(kha̲i)**, Tassen **(thùai)**, Schalen **(chaam)**, Teller **(djaan)**, Hüte **(mu̲uak)**, Körbe **(dtagkràa)**, Portemonnaies **(gkrabpáo)**, Töpfe **(mɵ̀ɵ)**
bo̲t	Lektionen, Verse, Strophen
chaba̲p	flache Gegenstände, wie Briefe **(djo̲tmáai)**, Dokumente **(e̲egka-sáan)**, Zeitungen **(nangsűü-phim)**
chanīt	Sorten
chīn	Stücke/Scheiben von Stoff, Fleisch, Obst, Süßspeisen
chɵ̀ɵ	Blumensträuße, Obststauden o.ä.
chūt	„Sets“: Anzüge, Möbel-Ensembles, Geschirr
djaan	Gerichte
dɵ̲ɵk	Blumen, Räucherstäbchen
dtòn	Bäume, Pfähle
dtua	Tische **(dtō')**, Stühle **(gkào-ìi)**, Hemden **(sȕa)**, Hosen **(gkang-gkeeng)**, Tiere, alles, was Arme od. Beine hat (außer Menschen)
khan	Fahrzeuge, Autos **(rōt)**, Schirme **(lòm)**, Löffel **(chɵ̄ɵn)**, Gabeln **(sɵ̀ɵm)**
khon	Menschen (aber **rùup** für Mönche)
khrȕüang	Maschinen, Geräte, ...zeug
khùu	Paare (z. B. Schuhe)
lam	lange hohle Gegenstände: Schiffe **(rüüa)**, Flugzeuge **(khrȕüang-bin)**, Bambus **(māi-pha̲i)**

láng	für Häuser, Moskitonetze, Flöße
lèm	Bücher **(nangsűü)**, Kerzen **(thiian)**, Karren **(gkwiian)**, Messer **(mìit)**, Hefte **(samut)**
lùuk	junge Tiere, kleine runde Früchte (mit einem Kern), Schlüssel **(gkundjää)**
muan	Zigaretten, Zigarren
mūan	f. Rollen: Filme, Toilettenpapier
phään	flache Gegenstände, wie Blätter, Papier **(gkradaat)**, Schallplatten, Brotscheiben **(khanóm-bpang)**
phűün	Stoffe bestimmter Größe: Handtücher **(phàa-chēt-dtua)**, Teppiche **(phrom)**, Sarongs **(saroong)**
roong	hallenartige Gebäude: Fabriken, Kinos etc.
soong	Briefumschläge **(soong-djotmáai)**, Zigarettenpackungen **(soong-burii)**
thúng	Beutel

zählen

rōt sáam khan	drei Autos
Auto drei KW(=Fahrzeug)	
farang hàa khon	fünf Westler
Westler fünf KW(=Mensch)	
khwaai hok dtua	sechs Büffel
Büffel sechs KW(=Körper)	
nangsűü hàa lèm	fünf Bücher
Buch fünf KW(=„Buchrücken“)	
aakhaan sáam láng	drei Gebäude
Gebäude drei KW	

*Wenn man Gegenstände zählt (**nāp** = zählen), braucht man nicht nur die entsprechende Zahl oder Mengenangabe, sondern auch das passende Kategoriewort (abgekürzt: „KW“).*

Ausnahme: Die Zahl **n<u>ü</u>ng** *(eins) kann vor oder nach dem Kategoriewort stehen. Steht sie davor, wird die Anzahl besonders betont (z. B. „eins", und nicht „zwei"). Wenn nur von einer Person oder einem Gegenstand die Rede ist, steht oft* **diao** *(nur ein, einzeln) hinter dem KW.*

ao bia maa n<u>ü</u>ng kh<u>u</u>at
nehmen Bier kommen eine Flasche
Bring (nur) eine Flasche Bier!

ao bia maa kh<u>u</u>at n<u>ü</u>ng
nehmen Bier kommen Flasche eins
Bring eine Flasche Bier!

kh<u>u</u>at diao
Flasche einzeln
nur eine Flasche

khon diao
Person einzeln
Einzelperson, allein

Eigenschaftswörter, wie z. B. **nàa** (nächste/-r, vorausblickend), **láng** (nächste/-r, hinter, in der Reihe), **rââk** (erste/-r), **s<u>u</u>tthāai** (letzte/-r) und die Ordnungszahlen stehen hinter dem Kategoriewort:

khraao nàa *Mal nächstes*	das nächste Mal
rōt khan láng *Wagen KW hinter*	der nächste Wagen
bàan láng thìi-sə·ong *Haus KW welches-zwei*	das zweite Haus

Wenn man – vor allem bei kleinen Gegenständen – das passende Kategoriewort nicht kennt, kann man **an** (Stück) verwenden. Im folgenden Beispiel wäre eigentlich das Kategoriewort **phón** (Frucht) korrekt.

gklùai s<u>i</u>i an
Bananen vier KW
vier Bananen

Als Behelf kann man auch das zu zählende Hauptwort wie ein Kategoriewort benutzen, was bei einer Reihe von Kategorien (nämlich bei Körperteilen und geographischen Begriffen) die Regel ist. Bei zusammengesetzten Hauptwörtern wiederholt man den ersten Wortteil. Wichtig ist, dass die Grundkonstruktion erhalten bleibt; denn ohne Kategoriewort ist die Mengenangabe für Thai kaum verständlich.

Maße & Mengenangaben

Die folgenden Maße verlangen keine Kategoriewörter.

Maße

gkiloo	Kilo
khrûng gkiloo	halbes Kilo
khiit	100 Gramm
gkram	Gramm
sendti-mēet	Zentimeter
mēet, gkiloo-mēet	Meter, Kilometer
nām-nak	Gewicht
khanaat	Größe
khanaat-nīi	so, dermaßen

traditionelle Maßeinheiten

waa	1 Wah	2 m
dtaraang waa	1 Quadrat-Wah	4 qm
ngaan	100 qWah	400 qm
rài	400 qWah	40 x 40m = 600 qm
nīu *(Finger)*	1 Zoll/inch	2,54 cm
lóo	Dutzend (nur Gegenstände)	

Uhrzeit & Datum

Die Tagesabschnitte **(dtoon)** haben eigene Bezeichnungen; sie sind aber nicht mit konkreten Uhrzeiten zu verwechseln:

Tagesabschnitte

Alle Zeitangaben beziehen sich auf ungefähre Uhrzeiten. Die Bezeichnung **dtoon** *für Tagesabschnitt kann optional hinzugefügt werden.*

früher Morgen (4-6)	**(dtoon) chāao mūut**
Morgen (6-8)	~ **chāao**
später Vormittag (8-11)	~ **sáai**
Mittag (11-13)	~ **thìang**
früher Nachmittag (13-16)	~ **baai**
später Nachmittag (16-19)	~ **yen**
(früher) Abend (19-22)	~ **(húa) khàm**
(spät) nachts (22-3)	~ **dük**

traditionelle Angabe der Uhrzeit

Die traditionelle Angabe der Uhrzeit ist leider nicht ganz so einfach wie das offizielle Zeitsystem. Da aber alle Thai dieses Schema für die genaue Zeitangabe verwenden, sind hier alle Stunden aufgeführt. „Stunde“ heißt im traditionellen Zeitsystem **moong**.

Die traditionelle Angabe der Uhrzeit funktioniert folgendermaßen: Die Nachtstunden von 19 Uhr bis 5 Uhr wurden ursprünglich durch Schläge des Nachtwächters mitgeteilt: **dtii** heißen die Schläge nach Mitternacht und **thùm** die Schläge vor Mitternacht. In den hellen Stunden (von 7 Uhr früh bis 18 Uhr) dagegen werden die Stunden des jeweiligen Tagesabschnitts neu gezählt, z. B. **nung moong chāao** („erste Morgenstunde“ = 7 Uhr), **baai so·ong moong** (zweite Stunde des frühen Nachmittags“ = 14 Uhr) usw.; **hok moong** („sechste Stunde“ = 6 Uhr) ist ein „Zwitter“.

1 Uhr	**dtii nung** *(Schlag eins)*	**dtii** ตี
2 Uhr	**dtii so·ong** *(Schlag zwei)*	
3 Uhr	**dtii sáam** *(Schlag drei)*	
4 Uhr	**dtii sii** *(Schlag vier)*	
5 Uhr	**dtii hàa** *(Schlag fünf)*	
6 Uhr	**hok moong (chāao)** *(sechs Stunde Morgen)*	
7 Uhr	**(nung) moong (chāao)** *(eins Stunde Morgen)*	**chāao** เช้า
8 Uhr	**so·ong moong (chāao)** *(zwei Stunde Morgen)*	
9 Uhr	**sáam moong (chāao)** *(drei Stunde Morgen)*	
10 Uhr	**sii moong (chāao)** *(vier Stunde Morgen)*	
11 Uhr	**hàa moong (chāao)** *(fünf Stunde Morgen)*	
12 Uhr	**thìang (wan)** *(Mitte Tag)*	
13 Uhr	**baai moong** (ohne **nung**!) *(Frühnachmittag Stunde)*	**baai** บ่าย
14 Uhr	**baai so·ong moong** *(Frühnachmittag zwei Stunde)*	
15 Uhr	**baai sáam moong** *(Frühnachmittag drei Stunde)*	

เย็น **yen**

16 Uhr	**sii moong (yen)** *(vier Stunde Spätnachmittag)*
17 Uhr	**hàa moong (yen)** *(fünf Stunde Spätnachmittag)*
18 Uhr	**hok moong (yen)** *(sechs Stunde Spätnachmittag)*
19 Uhr	**thùm nüng** *(Nachtschlag eins)*
20 Uhr	**so·ong thùm** *(zwei Nachtschlag)*
21 Uhr	**sáam thùm** *(drei Nachtschlag)*
22 Uhr	**sii thùm** *(vier Nachtschlag)*
23 Uhr	**hàa thùm** *(fünf Nachtschlag)*
24 Uhr	**thìang khüün** *(Mitte Nacht)*

ทุ่ม **thùm**

gkii moong (lāäo) aber: **gkii chùamoong**
wieviel Uhr (schon) *wieviel Stunden*
Wie spät ist es? Wie viele Stunden?

Bei traditioneller Zeitangabe sagt man für „halb" **khrüng**.

04.30 Uhr	**dtii-sii khrüng**
12.30 Uhr	**thìang khrüng**
13.30 Uhr	**baai moong khrüng**

Viertelstunden werden im Thai nicht angegeben. Man gibt nur die Anzahl der Minuten **(naathii)** an:

10.15 Uhr	**sii moong (chāao) sip-hàa naathii**
13.27 Uhr	**baai moong yìi-sip-djet naathii**

„... vor“ wird ausgedrückt durch **iik ... naathii (dja’) ...** (wörtl.: „noch ... Minuten ZUK. ...“):

11.55 Uhr	**iik hàa naathii (dja’) thìang wan**
17.50 Uhr	**iik sip naathii (dja’) hok moong yen**
19.44 Uhr	**iik sip-hok naathii (dja’) sə·ong thùm**

offizielle Angabe der Uhrzeit

Die traditionellen Zeitangaben in Thailand sind gewöhnungsbedürftig. Zwar kann man die Zeit im 24-Stunden-System angeben – offiziell wird die Zeit auch so angegeben –, aber im Alltag wird dieses System nicht benutzt.

naaligkaa	Uhr, Stunde
naathii	Minute
wīnaathii	Sekunde

Wer sicher gehen will, halte sich an die offizielle Angabe der Zeit, und man wird verstanden.

08.00 Uhr	**bpäät naaligkaa** *acht Uhr*
18.15 Uhr	**sip-bpäät naaligkaa sip-hàa naathii** *zehn-acht Uhr zehn-fünf Minuten*
20.30 Uhr	**yìi-sip naaligkaa sáam-sip naathii** *zwanzig Uhr Uhr drei-zehn Minuten*

Wochentage

Bei den Wochentagen steht **wan** (Tag) jeweils vor dem Namen des Wochentages. „Woche" heißt **aathīt** oder **sabpadaa**.

wan-djan	Montag
wan-angkhaan	Dienstag
wan-phūt	Mittwoch
wan-phārūhat	Donnerstag
wan-suk	Freitag
wan-sáo	Samstag
wan-aathīt	Sonntag
wan-yut	Feiertag
sáo-aathīt	Wochenende

Monatsnamen

mōkgkaraa(khom)	Januar
khumphaa(phan)	Februar
miinaa(khom)	März
meesáa(yon)	April
phrūtsaphaa(khom)	Mai
mīthunaa(yon)	Juni
gkarāgkadaa(khom)	Juli
síngháa(khom)	August
gkanyaa(yon)	September
dtulaa(khom)	Oktober
phrūtsadjigkaa(yon)	November
thanwaa(khom)	Dezember

Die Endsilben der Monatsnamen können weggelassen werden. Diese zeigen die Länge der Monate (28, 30 bzw. 31 Tage) an. Vor den Monatsnamen wird meist das Wort **düüan** (Monat) gestellt.

Datum

In Thailand gilt die buddhistische Zeitrechnung (**phūtthā-sagkaraat**, Abk. **phoo-so·o**). Demnach war 1997 das Jahr 2540: **phoo-so·o so·ong-phan hàa-rōoi sii-sip**. Die europäische Zeitrechnung wird kurz **khoo-so·o** genannt. Das Datum wird folgendermaßen angegeben:

(wan-thìi) sáam (düüan) dtulaa(khom)
(Tag-welcher) drei (Monat) Oktober
3. Oktober

Kodak
Hertz
ALONE'S
do you know
ADVENTURE RACE?
be there
i am the greatest
SURVIVOR!!!

Kurz-Knigge

Sich in Thailand absolut korrekt zu verhalten, ist für Westeuropäer so gut wie unmöglich. Thai legen auf Höflichkeit und gutes Auftreten zwar sehr großen Wert; aber ihre eigene Höflichkeit lässt sie auch über Fehler, die wir unabsichtlich begehen, leichten Herzens hinwegsehen. Ohnehin erwarten sie nicht, dass man sich jemals perfekt mit Normen und Ritualen ihres Miteinander völlig auskennen wird. Wer sich in Thailand nach den in Europa geltenden Regeln des Anstands verhält, tritt vermutlich selten ins Fettnäpfchen. Und wenn doch, verbieten es die thailändischen Sitten **(bpra'pheenii)**, bzw. die Thai-Kultur **(wāt-dtanātham thai)**, dass man sich dann peinlich berührt fühlen sollte. Das allgemeine Bedürfnis nach Harmonie lässt Thai darüber hinwegsehen.

Vermeiden Sie alles, was jemanden das Gesicht verlieren **(sía nàa)** lässt (jemanden vor anderen bloßzustellen, heftig zu kritisieren u. ä.). Man riskiert u. U. die Rache des auf diese Weise Bloßgestellten. Ganz besonders vorsichtig sollte man in dieser Hinsicht auch mit Betrunkenen sein und sich niemals mit ihnen anlegen! Betrunkene Thai-Männer zu provozieren, kann lebensgefährlich sein!

Thai lieben ihr Land und das Königshaus auf eine für Europäer kaum nachvollziehbare Weise. Sicher spielt eine Rolle, dass

Man darf man auch nie auf Thai-Geld treten, weil darauf der König abgebildet ist. Ein Franzose kam dafür mal ins Gefängnis!

Thailand – wie Japan – als einziges asiatisches Land nie unter Kolonialherrschaft zu leiden hatte. Beim Abspielen der Nationalhymne, z. B. um 8 und 18 Uhr im Lumpini-Park in Bangkok, sollte man wie alle anderen stehen bleiben bzw. aufstehen.

Auch zur Religion sollte man sich als Außenseiter nur positiv äußern. Zwar wird die Religion, vor allem die Religionsausübung, im eigenen Land von Kritik nicht verschont, doch die kommt von hochgestellten, mutigen Mönchen, wie etwa dem 1994 verstorbenen **Buddhadasa Bikkhu**, dem berühmtesten Mönch Thailands, im Kloster **Wat Suan Mook / Chaiya**, oder von **Pra' Phayom** vom Kloster **Wat Suan Kaeo** unweit Bangkoks, die Missstände offen ansprechen (z. B. Gier nach Besitz, Umweltzerstörung, Raubbau an der Natur etc.).

Das eigene Karma **(gkam)**, *also die Bilanz von „Altlasten" und „Guthaben" aus früheren Leben, legitimieren die soziale Stellung im gegenwärtigen Leben.*

Dennoch prägt der Buddhismus das Leben der Menschen sehr stark: **nām-djai**, der Geist des Gebens, ist trotz wachsendem Materialismus noch lebendig. Andern gegenüber großzügig zu sein, ist nicht nur im Sinne des Buddhismus, sondern soll langfristig gute Beziehungen zu Mitmenschen sichern und dafür sorgen, dass einem irgendwann Gleiches widerfährt. Aus dieser Stellung heraus ergeben sich bestimmte gegenseitige Verpflichtungen, durch die die Gesellschaft zusammengehalten wird. Das Leben wird aber auch von vielfältigen übernatürlichen Kräften **(phíi)** beeinflusst, für die buddhistische Rituale zuständig sind. Durch gute Taten/Verdienste (**tham-bun** = Gutes tun) verbessert sich das Karma.

Wer als Privilegierter die erwartete Rolle nicht erfüllt, kann weder Respekt noch Gehorsam erwarten.

Thailand ist eine hierarchische Gesellschaft. Dank des Glaubens an das Karma wird niemandes Stellung im Grundsatz angetastet. Wer oben steht und erfolgreich ist, hat eben ein günstiges Karma. Wer oben steht, sorgt aber auch für die von ihm/ihr Abhängigen, das können Angestellte, Untergebene, weniger begüterte Verwandte sein. Dafür wird ihnen Dankbarkeit, Respekt und Loyalität entgegengebracht. Wichtige Begriffe in diesem gesellschaftlichen Netz des Gebens und Empfangens sind Familie **(khròop-khrua)**, die eigene Bezugsgruppe **(phāk-phùak)**, die Beziehung zwischen Älteren und Jüngeren bzw. Über- und Untergeordneten **(phìi-nōong)** und Personen höheren und niedrigeren Status' **(phùu-yai-phùu-nōoi)**. Jeder bemüht sich, ein möglichst großes Beziehungsnetz zu knüpfen. Der für Thailand charakteristische Begriff **gkreeng-djai** meint das Bestreben, sich Höherstehenden nicht aufzudrängen, sie mit unangemessenen Bitten zu belästigen, um nicht die Beziehungen zu (zer)stören, die irgendwann wichtig werden könnten.

In diesem Zusammenhang muss man das erklärte Bedürfnis nach Harmonie und Konfliktvermeidung verstehen. Das Ideal ist **djai-yen**: ruhig bleiben, und nicht „explodieren". Das berühmte Lächeln der Thai (**yīm sa'yáam** = siamesisches Lächeln) bedeutet u. a.: „Tu mir nichts, ich tu dir auch nichts!" Ein bedeutendes

Wer kritisiert, sollte es **thii-lèn-thii-djing** *(halb scherz- und halb ernsthaft) tun, um der Kritik die Schärfe zu nehmen. Kann man etwas nicht ändern, akzeptiert man es eben.*

gesellschaftliches Ventil im Geflecht der Verpflichtungen ist die Lust am Spaß **(sanuk)** und Spiel bzw. Unernst **(lèn)**. Alles befindet sich im ständigen Wandel, nichts ist unveränderlich, lehrt der Buddhismus. **Mài bpen rai** – macht nichts, nicht so schlimm, da kann man nichts machen. Also stets gelassen **(chő̂i-chő̂i)** und entspannt **(sabaai-sabaai)** bleiben!

Westeuropäer stehen außerhalb der Thai-Gesellschaft und des Beziehungsnetzes. Echte Loyalität kann man also nicht erwarten, die Beziehungen, die man als Westeuropäer eingeht, sind eher kurzzeitig und überwiegend materiell bestimmt. Ein gewisser Respekt wird den Gästen – auch wegen ihres relativen Wohlstandes, der ja auf ein günstiges Karma hindeutet – zwar durchaus entgegengebracht; doch im Streitfall gehört den Landsleuten die größere Loyalität. Das ist verständlich. Nichtsdestoweniger profitieren Westeuropäer von der Freundlichkeit, Höflichkeit und vom spielerischen Umgang mit den Alltäglichkeiten des Lebens.

konkrete Verhaltenstipps

Begrüßung

Der Wai **(wàai)**, das Aneinanderlegen der Hände in Verbindung mit Verbeugung, begleitet in Thailand Begrüßung und Verabschiedung, Dank und Entschuldigung. Er ist ein Zeichen des Respekts. Deshalb sollte man ihn nicht gegenüber denen anwenden, denen man keinen Respekt entgegenbringen will/soll, etwa Kindern gegenüber, eigenen Hausangestellten, Bettlern. Thai wissen, dass Europäer das nicht immer wissen und mit dem in Indien und Nepal üblichen Gruß „Namaste" verwechseln. Wenn man die Regeln nicht genau kennt, ist Kopfnicken, zurückhaltendes Lächeln, ggf. Händeschütteln (das weitgereisten Thai wohlvertraut ist) angebrachter. Wenn man jemanden mit einem Wai grüßt, „zwingt" man ihn/sie dazu, mit einem Wai zu antworten, obwohl diese(r) uns vielleicht gerade mit einem Handschlag begrüßen wollte.

In Thailand funktioniert das komplementäre hierarchische System sehr gut. Es erklärt Vetternwirtschaft, Autoritätsgläubigkeit, Fortbestehen undemokratischer Strukturen trotz moderner Verfassung.

Hier sind die fein abgestuften Regeln für diejenigen, die sie lernen wollen:

- **gegenüber etwas Niedrigergestellten:** Daumen der gefalteten Hände (sie zeigen zum eigenen Gesicht) etwa in Brusthöhe.
- **ggü. Gleichgestellten:** Daumen unterhalb des Kinns.
- **ggü. Höhergestellten / Älteren:** Daumen in Höhe der Unterlippe.
- **gegenüber Mönchen:** Daumen zwischen Augenbrauen.

Je mehr Respekt man bezeugt, desto tiefer sollte man sich zugleich verbeugen. Am besten lernt man durch Beobachtung. Auf einen Wai von deutlich Niedrigergestellten oder Kindern antwortet man mit Lächeln und Kopfnicken.

Zu Besuch sein

Thai besuchen einander bisweilen ohne Vorankündigung; Geschenke sind nicht nötig, aber kleine Aufmerksamkeiten, wie

Obst, etwas zum Essen, kleine Souvenirs, sind immer willkommen. Geschenke werden meist nicht gleich ausgepackt, um nicht gierig zu erscheinen und den Gast nicht in Verlegenheit zu bringen.

Kleidung

Wird man zu Parties, Feiern u. ä. einladen, sollte man Freunde oder Bekannte fragen, welche Kleidung passend ist. Thai legen auf gutes Äußeres viel Wert. Gastgeber werden immer antworten „wie du möchtest, wie es dir gefällt" **(dtaam sabaai)**. Das wörtlich zu nehmen, könnte jedoch zu Peinlichkeiten führen. Für formelle Anlässe gibt es für Männer das Hemd mit dem Mandarinkragen, das einen Anzug ersetzen kann, bzw. Dienstuniform. Frauen sollten sich stets dezent kleiden, auf alle Fälle auch mit BH!

Im Restaurant

Beim Essen in einem Restaurant zusammen mit Thai übernimmt eine Person stets das Bezahlen, z. B. die ranghöchste oder eine von ihr beauftragte. Großzügigkeit wird geschätzt, also sollte man sich auch mal „vordrängen". Lädt man selber zum Essen ein und kommen manche Gäste nicht, ohne abgesagt zu haben, liegt es daran, dass diese die ungenehme Situation des Absagens umgehen wollten. Lädt man jemanden zum Essen in ein Restaurant ein, bringt die eingeladene Person vielleicht noch einen anderen mit. Das macht aber weiter nichts, denn je mehr Leute zusammen sind, desto mehr Spaß macht das Essen!

Hochzeits- oder Trauerfeiern

Wird man zu Hochzeits- oder Trauerfeiern eingeladen, sollte man Geld in einem Umschlag überreichen. Der Gastgeber weiß sicherlich, welcher Betrag angemessen ist. Das Geld hilft die Kosten senken, was oft sehr notwendig ist.

Im Tempel

In Tempeln wird korrektes Verhalten unbedingt erwartet. Anständige Kleidung und das Ausziehen der Schuhe beim Betreten der Hallen sind selbstverständlich. Ansonsten verhält man sich wie sonst auch in einer Kirche.

Mönche

Frauen dürfen Mönche und deren Gewand nicht berühren, sonst müssen sich die Mönche einem umständlichen Reinigungsritual unterziehen. In überfüllten Bussen ist das nicht immer zu umgehen. Mönche sitzen in den alten Stadtbussen fast immer auf der letzten Bank, in neueren Bussen neben dem Eingang. Will eine Frau einem Mönch etwas geben, muss sie es erst einem andern Mann geben oder vorher auf den Boden stellen.

Wenn Thai Mönche formell begrüßen, verneigen sie sich im Knien 3-mal bis zum Boden. Für Nichtbuddhisten genügt ein respektvoller Wai, der nicht erwidert wird.

Kopf

Nicht berühren sollte man auch den Kopf eines anderen, das gilt auch für Kinder, denn dort ist der Sitz der Seele und des Geistes. Berührt man ihn unabsichtlich, sollte man sich dafür entschuldigen.

Füße

Die Füße gelten als unrein, man sitzt deshalb – wenn man z. B. in Tempeln auf dem Boden sitzt –, so, dass die Füße nach hinten zeigen, oder man kniet auf den Fersen sitzend.

Schuhe

Schuhe zieht man beim Betreten von Wohnungen und Tempeln aus. Geht man zwischen sitzenden Leuten hindurch, beugt man etwas den Oberkörper, um sich kleiner wirken zu lassen und hält eine Hand nach vorne.

Linke Hand Gibt man jemandem die Hand oder übergibt man etwas, darf man dies nur mit der rechten Hand tun, die linke kann höchstens den rechten Ellbogen stützen. Das liegt daran, dass die linke Hand vielerorts als „unrein" gilt, da sie zur persönlichen Reinigung (z. B. auf der Toilette) verwendet wird. Wird mit der Hand gegessen, darf ebenfalls nur die rechte Hand benutzt werden.

Heranwinken Wenn man jemanden heranwinken möchte, zeigt die Handinnenfläche nach unten und die Finger werden nach unten hin- und herbewegt.

Zeigen Auf eine Person zeigt man nicht mit dem Zeigefinger, sondern man deutet mit dem Kinn in die entsprechende Richtung.

Zärtlichkeiten Zärtlichkeiten zwischen Mann und Frau sind in der Öffentlichkeit tabu! Das Berühren des anderen Geschlechts sollte möglichst vermieden werden. Thai-Mädchen, die männliche Westeuropäer berühren, werden dementsprechend eingestuft. Von Frau zu Frau, bisweilen auch unter Männern ist das An-die-Hand-Nehmen dagegen nicht selten.

Direkte Kritik Direkte Kritik sollte man auf jeden Fall vermeiden (s. o.), um andere ihr Gesicht bewahren zu lassen. Thai geben untereinander gern und reichlich Komplimente. Sie „ölen" das soziale Gefüge.

Achtung Drogen!

In Thailand stehen hohe Strafen auf Drogenbesitz und -schmuggel. Die Todesstrafe wird zwar bei Ausländern – im Gegensatz zu Malaysia – meist nicht vollstreckt; aber mehr als 20 Jahre Thai-Knast ist für manchen auch ein langsames Todesurteil. Mehr als zwei Dutzend Deutsche sitzen in Thailand deswegen ein. Ausländer werden sehr gut observiert. Kurz vor dem Abflug schnappen die Thai-Beamten oder amerikanische Agenten der DEA *(drug enforcement agency)* zu.

Anrede

Zur Anrede der betreffenden Person genügt der Titel, der Name muss nicht hinzugefügt werden.

Wie in vielen asiatischen Ländern reden Thai andere Personen gern mit ihrem Titel an. Lehrer und Ärzte genießen großen Respekt, ihre Titel sind **khruu** (Schullehrer), **aadjaan** (Hochschullehrer), **(khun) mɵ·ɵ** (Doktor). Eine vom Hof ausgezeichnete Dame kann, etwa wie eine britische Lady, zur **khunyíng** oder – eine Stufe höher – zur **thàn-phùuyíng** ernannt und fortan so angeredet werden. Ein älterer Mönch oder Abt wird als **lúang-phɵ̀ɵ**, ein jüngerer als **lúang-phìi** angesprochen. Eine nette Sitte ist die Anrede mit Verwandtschaftsbezeichnungen oder Spitznamen: mit **núu** (Mäuschen) bezeichnet man oft kleine Kinder, junge Mädchen oder Bedienungen, die deutlich jünger als man selbst sind. Auch ältere Männer nennen gerne so ihre jungen Geliebten.

Mädchen sagen statt **chān** (ich) oft ihren eigenen Spitznamen und meinen damit sich selbst. Diese Spitznamen haben praktisch alle Thai fast von Geburt an und werden im vertrauten Kreis benutzt. Typische Spitznamen (**chȕȕ lèn** = „Spielname") sind etwa **daao** (Stern), **nō͝ɵi** (wenig, gering), **lēk** (klein), **múu** (Schweinchen), **nōk** (Vögelchen) etc. Die Spitznamen sollen die Geister verwirren, die die richtigen Namen nicht erfahren sollen!

Mit **nōɵng** (jüngere Schwester, jüngerer Bruder) werden Bekannte, Kollegen, Freunde, Bedienungen etc. angeredet, die etwas jünger als man selbst sind. Entsprechend werden ältere **phìi** (ältere Schwester, älterer Bruder) gerufen. In der Anrede müssen die genauen Bezeichnungen nicht ausgesprochen werden, also eigentlich **nōɵng-chaai / phìi-sáao** (jüngerer Bruder, ältere Schwester), wenn der Zusammenhang klar ist; **phìi** und **nōɵng** genügen. Thai erwarten jedoch nicht, dass Touristen diese Bezeichnungen verwenden.

Ältere Frauen und Männer lassen sich gern von jüngeren Bekannten u. a. als **khun mȁä** bzw. **khun phɵ̀ɵ** (Frau Mutter bzw. Herr Vater) anreden. Ansonsten sagt man **lung** (älterer Onkel) und **bpàa** (ältere Tante) bzw. **aa / nāa** (jüngerer Onkel, jüngere Tante). Hat ein älterer Mann eine junge Geliebte (s. o.), wird er von ihr gern **bpā'-bpáa** (Papa) genannt.

In der direkten Anrede wird im Übrigen bei gleich- und höhergestellten Personen nur der Vorname in Verbindung mit **khun** (wörtl.:

„Sie“) und **thàan** (bei sehr hochgestellten Personen und Mönchen) verwendet:

khun Likit	Herr Likit
khun Malini	Frau Malini
thàn Amnuay	Herr Amnuay
khun Haan	Herr Hans

Den vollen Namen (also Vor- und Nachname) benötigt man nur für den Schriftverkehr, auf Formularen, auf Briefumschlägen etc.

Wenn bei Verleihungen von Preisen u. ä. Personen aufgerufen werden, setzt man vor den vollen Namen:

naai	Herr
naang	Frau
naang-sáao	Fräulein
dek-yíng	Mädchen
dek-chaai	Junge

Für die Anrede empfiehlt sich dem Touristen stets das persönliche Fürwort **khun** (Sie). Die vertraulicheren Anreden wird ein Europäer kaum verwenden. Fast alle Sätze in diesem Sprachführer sind daher mit der Höflichkeitsform übersetzt, auch wenn man in Deutschland eher „du“ sagen würde.

Verwandtschaftsbezeichnungen

Die folgende Liste ist nicht zum Auswendiglernen gedacht, sondern zum (Wieder)Erkennen. Nichts ist den Thai im Allgemeinen wichtiger als ihre Familie, daher auch die fein abgestimmten Verwandtschaftsbezeichnungen.

ญาติ	**yàat**	Verwandte
ครอบครัว	**khròop-khrua**	Familie
พ่อ-แม่	**phòo-mää**	Eltern
บิดา-มารดา	**bidaa-maandaa**	Eltern (sehr höflich)
ย่า	**yàa**	Großmutter (väterl.)
ปู่	**bpuu**	Großvater (väterl.)
ยาย	**yaai**	Großmutter (mütterl.)
ตา	**dtaa**	Großvater (mütterl.)
แม่/มารดา	**mää / maandaa**	Mutter
พ่อ/บิดา	**phòo / bidaa**	Vater
ลูก/บุตร	**lùuk/but**	Kind
บุตรบุญธรรม	**but-bun-tham**	adoptiertes Kind
ลูกสาว/บุตรสาว	**lùuk-sáao/but-sáao**	Tochter
ลูกชาย/บุตรชาย	**lùuk-chaai/but-chaai**	Sohn
น้อง(ชาย/สาว)	**nōong (-chaai/-sáao)**	jüngere(r) Bruder/ Schwester
พี่(ชาย/สาว)	**phìi (-chaai/-sáao)**	ältere(r) Bruder/ Schwester
พี่-น้อง	**phìi-nōong**	Geschwister
ลูก(พี่-น้อง)	**lùuk (phìi/nōong)**	Cousin, Cousine (älter/jünger)
หลานชาย	**láan-chaai**	Neffe, Enkel
หลานสาว	**láan-sáao**	Nichte, Enkelin
ภรรยา/เมีย	**phan(ra)ya / mia**	Ehefrau (formell/ zwanglos)
เมียน้อย	**mia nōoi**	Nebenfrau
สามี/ผัว	**sáamii / phúa**	Ehemann (formell/ zwanglos)
ลุง	**lung**	Onkel (älterer Bruder eines Elternteils)
ป้า	**bpàa**	Tante (ältere Schwester eines Elternteils)

aa, nāa	jüngere(r) Onkel oder Tante	อา/น้า
chaai-soot	Junggeselle	ชายโสด
sáao-soot	ledige Frau	สาวโสด
phòo-màai	Witwer	พ่อม่าย
mä̀ä-màai	Witwe	แม่ม่าย
phòo-dtaa	Schwiegervater	พ่อตา
mä̀ä-yaai	Schwiegermutter	แม่ยาย
phìi-kőöi/-saphāi	ältere(r) Schwager/ Schwägerin	พี่เขย/สะใภ้
nōong-kőöi/-saphāi	jüngere(r) Schwager/ Schwägerin	น้องเขย/สะใภ้
lùuk-kőöi	Schwiegersohn	ลูกเขย
lùuk-saphāi	Schwiegertochter	ลูกสะใภ้
djào-sáao – djào-baao	Braut – Bräutigam	เจ้าสาว-เจ้าบ่าว

Begrüßen & Verabschieden

Zur Begrüßung und zur Verabschiedung sagt man gleichermaßen den folgenden Gruß.

sawat-dii kha' (w),	Guten Tag! /
sawat-dii khrāp (m)	Auf Wiedersehen!

Achtung: Die weibliche Höflichkeitspartikel **kha'** *wird nur von Frauen benutzt, die männliche Partikel* **khrāp** *nur von Männern.*

Begleitet wird dieser Gruß immer von einem Wai, was vor allem dann etwas schwierig ist, wenn man z. B. gerade einen Packen Bücher unterm Arm hat; es genügt in diesem Fall ein angedeuteter Wai. Gute Bekannte und Freunde sagen verkürzt: **wat-dii**.

Thai sind meistens weniger formell. Häufig sagen sie einfach die nebenstehenden Grüße.

tham arai yuu *machen was sich-befinden*	Was machen Sie so?
bpai nái *gehen wo*	Wohin gehen Sie?
bpai nái maa *gehen wo kommen*	Wo waren Sie?

Darauf wird keine konkrete Antwort erwartet:

bplaao *leer*	Nichts.
bpai tham-ngaan *gehen machen-Arbeit*	Ich gehe zur Arbeit.
bpai tham-ngaan maa *gehen machen-Arbeit kommen*	Ich komme von der Arbeit.
bpai döön lèn *gehen spazieren spielen*	Ich gehe spazieren.
bpai thìao *gehen vergnügen*	Ich gehe aus.
bpai sŭü kho-ong *gehen kaufen Sachen*	Ich gehe einkaufen.
bpai háa phŭüan *gehen Freund suchen*	Ich gehe Freund(e) besuchen.
bpai sŭü gkap-khàao *gehen kaufen mit-Reis*	Ich gehe Essen kaufen.

Wenn man sich wirklich sehr lange nicht gesehen hat, kann man fragen:

háai bpai nái dtàng-naan
verschwunden gehen wo ganz-lange
Wo warst du / waren Sie so lange?
Wie geht's denn?

sabaai-dii rűü khrāp/khā'
wohlfühlen-gut oder HPm/w
Wie geht es Ihnen/dir?

sabaai-dii khrāp/kha' khoop-khun
wohlfühlen-gut HPm/w danke-Sie
Danke, gut.

sabaai-dii lőö hā'
wohlfühlen-gut FP HPm
Geht's gut?
(unter Freunden)

bpen ngai bàang
sein wie einige
Wie geht's?
(unter Freunden)

lǟäo khun lā
und Sie FP
Und wie geht es dir/Ihnen?

phóm/chān gkò sabaai-dii khoop-khun
ich(m/w) auch wohl-gut danke-Sie
Danke, mir geht es auch gut.

Die Fragepartikel **lā** im vorletzten Satz bezieht sich hier auf die vorangegangene Frage.

Antworten (unter Freunden) können folgende sein; die Leute sind ehrlich, denn da nicht floskelhaft gefragt wird, geben sie auch eine zutreffende Antwort:

gkò rüai-rüai hā	Wie gewöhnlich.
(gkò)ngan-ngan la	So la la. Es geht.
khấng-rääng-dii	Ganz gut.
mài (khòi) sabaai	Nicht (so) gut.

jemanden vorstellen

Die ranghöhere Person wird immer zuerst vorgestellt.

khɵ·ɵ nā̃'nam khun hài rūu-djak ...
bitten-um vorstellen Sie veranlassen kennen ...
Ich möchte Ihnen/dir ... vorstellen.

nìi khüü ...
dies ist ...
Dies ist ...

phóm/chān khɵ·ɵ nā̃-nam dtua-eeng nā khrāp/khā'
ich(m/w) bitten-um vorstellen Körper-selbst P HPm/w
Ich möchte mich vorstellen.

chȕü ...	**yin-dii thìi dài rūu-djak khun**
Name ...	*froh dass VERG. kennen Sie*
Ich heiße ...	Ich freue mich, Sie/dich kennen zu lernen/kennen gelernt zu haben.

verabschieden

Wer weggeht, sagt oft nur:

bpai (la) nā *gehen P*	Ich gehe jetzt. Tschüss.
laa-gkɵɵn nā *weggehen-zuerst P*	Auf Wiedersehen.

laa-gkoon (na) khrāp/khà' sawat-dii
sich-verabschieden-zuerst P HPm/w
auf-Wiedersehen
Auf Wiedersehen!

Höflicher und formeller klingt der nebenstehende Abschiedsgruß.

Die zurückbleibende Person sagt oft nur **sawat-dii khrāp/kha'** oder antwortet nur mit der Höflichkeitspartikel **khrāp/khà'**.

lǟäo phōp-gkan mai (nā khrāp/khā')
dann treffen-zusammen neu (P HPm/w)
Bis zum nächsten Mal!

lǟäo phōp-gkan phrùng-nīi / aathīt nàa
dann treffen-zusammen morgen / Woche nächste
Bis morgen / nächste Woche!

Wer vorzeitig gehen muss, kann sagen:

kho·o dtua gklap (gkoon nā khrāp/khā')
bitten Körper zurückkehren (vorher P HPm/w)
Gestatte bitte, dass ich jetzt gehe. Ich muss leider schon gehen.

Darauf erfolgt vielleicht folgende Frage als Antwort:

thammai thűng rìip gklap là khrāp/khā'
warum deshalb beeilen zurückkehren P HPm/w
Warum müssen Sie denn schon gehen?

yuu gkoon thö' khrāp/khà'
sich-befinden vorher bitte HPm/w
Bleiben Sie doch noch ein bisschen.

Ganz zum Schluss ruft man vielleicht noch **chòok-dii** *(Viel Glück!).*

Bitten, Danken, Wünschen

„Bitte“ als Angebot heißt **chöön** (bitte sehr), z. B. für eine Einladung zum Essen, zum Hinsetzen, Vorausgehen etc.

bitten

chöön nàng
bitte sitzen
Bitte setzen Sie sich.

chöön thaang nīi khrāp/khà'
bitte Weg dieser HPm/w
Bitte hier entlang.

„Bitte“ als milde, formelle Aufforderung heißt **bproot** *(bitte).*

bproot thoot roong-thāao
bitte ausziehen Schuhe
Bitte ziehen Sie die Schuhe aus.

bproot sàap
bitte wissen
etwa: Achtung bitte!

Wenn man um einen Gefallen für sich selber bittet, benutzt man **gkarūnaa** (würden Sie so nett sein und ...?) oder **kho·o** (bitten um). Um die Bitte angenehmer klingen zu lassen, werden gerne noch folgende Partikel angehängt. Auch für sich alleine stehend bekommen sie oft die Bedeutung „bitte“:

nooi; nōoi	etwas; wenig
sāk	etwa, insgesamt (Mengenangaben)
thii	bitte (wenn am Satzende stehend)

ฝากซื้อ...หน่อยได้ไหมครับ/คะ
faak sũũ ... nɵɵi dài māi khrāp/khā'
Gefallen-tun kaufen ... etwas können FP HPm/w
Könnten Sie bitte für mich ... kaufen?

ขอถามอะไรหน่อยครับ
khɵ·ɵ tháam arai nɵɵi khrāp/khà'
bitten-um fragen was etwas HPm/w
Darf ich etwas fragen?

bpit fai thii
schließen Licht (Feuer) bitte
Machen Sie bitte das Licht aus.

ขอ...
khɵ·ɵ ...
bitten-um ...
Bringen Sie mir bitte ...

ขอพูดกับคุณ...หน่อยได้ไหมครับ/คะ
khɵ·ɵ phùut gkap khun ... nɵɵi, dài māi khrāp/khā'
bitten-um sprechen mit Herr/Frau ... etwas, können FP HPm/w
Kann ich mit Herrn/Frau ... sprechen?

ผม/ดิฉันจะขอเชิญคุณไปที่บ้าน
phóm/di-chān dja' khɵ·ɵ chöön khun bpai thìi bàan
ich(m/w) ZUK. bitten einladen Sie gehen Ort Haus
Ich möchte Sie gerne zu mir nach Hause einladen.

ขอ...ครับ/ค่ะ
kho·o ... khrāp/khà'
bitten-um ... HPm/w
Bitte geben Sie mir ...

Um eine Bitte noch höflicher auszudrücken, hängt man an das Satzende **dàai māi khrāp/khā'** an:

ขอแลกแบงค์ย่อยได้ไหมครับ/คะ
kho·o lȁäk bȁng-yoȍi dài māi khrāp/khā'
bitten-um wechseln kleine-Geldscheine können FP HPm/w
Können Sie mir das bitte in kleine Geldscheine wechseln?

„Bitte" als Bitte um Hilfeleistung heißt **chùai** *(helfen); es kann oft anstelle von* **kho·o** *(um etwas bitten) verwendet werden.*

ช่วยเรียกรถแท็กซี่ให้ผม/ฉันที
chùai rìak rōt thȁksìi hài phóm/chān thii
helfen rufen Wagen Taxi für ich(m/w) bitte
Bitte rufen Sie mir ein Taxi.

ช่วยส่ง...มาให้หน่อยครับ/ค่ะ
chùai so̲ng ... maa-hài no̲oi khrāp/khà'
helfen schicken ... her-geben etwas HPm/w
Bitte reichen Sie mir ...

danken

Im Allgemeinen bedankt man sich für empfangene Gefälligkeiten, Geschenke etc. mit einem der folgenden Dankesworte und einem Wai, dem traditionellen Thai-Gruß.

khoop-khun (khrāp/khà')
Bekannte, Freunde
khoop-phrākhun khrāp/khà'
hochgestellte Persönlichkeiten
khoop-djai (ohne **Wai**)
Kinder, Bedienung, Hausangestellte

Man kann sich auch genauer ausdrücken:

ขอบคุณมากครับ/ค่ะ ที่ได้ช่วยผม/ดิฉัน
khoop-khun màak khrāp/khà' thìi dài chùai phóm/di-chān
danke-Sie viel HPm/w dass VERG. helfen ich(m/w)
Vielen Dank, dass Sie mir geholfen haben.

khoop-khun khrāp/khà' sámrap mǖü nīi / kho·ong-khwán / thūk-yaang
danke-Sie HPm/w für
Mahl dieses / Geschenk / jede Art
Vielen Dank für das Essen / das Geschenk / für alles.

Beantwortet wird der Dank mit der Höflichkeitspartikel **khrāp/khà'**. Oft heißt es auch:

mài bpen rai
Keine Ursache!

wünschen

chòok dii
Viel Glück!, Alles Gute!

Gute Wünsche fürs Brautpaar:

khɵ·ɵ hài chiwīt khɵ·ɵng khun djong bprasɵ̲ɵp dtä̲ä khwaam-su̲k khwaam-djaröön dtalɵ̲ɵt bpai
bitten-um lassen Leben von Sie sein begegnen nur Glück Wohlstand durchwegs gehen
Ich wünsche Ihnen für Ihr ganzes Leben Glück und Wohlstand.

sich entschuldigen

Eine Bitte kann auch mit **khɵ·ɵ-thòot** *(Entschuldigung) beginnen, vor allem wenn man um eine Auskunft bittet.*

khɵ·ɵ-thòot khrāp/khà'
bitten-um-bestrafen HPm/w
Entschuldigung! Verzeihung!

khɵ·ɵ-thòot khun chǜü arai khrāp/khā'
bitten-um-bestrafen Sie Name was HPm/w
Verzeihen Sie, wie heißen Sie bitte?

chān chǜü mōt khà'
ich(w) Name „Ameise“ HPw
Ich heiße Mot.

khɵ·ɵ thaang nɵ̲ɵi
bitte-um Weg etwas
Moment / Entschuldigung, bitte.
(beim Vorbeigehen, z. B. im Bus)

sía-djai
Es tut mir Leid! Leider!
(auch Ausdruck, um Mitgefühl zu zeigen)

Als Antwort darauf genügt ein Lächeln und **khrāp/khà'**.

Redewendungen & Ausrufe

Die folgenden Redewendungen sind sehr hilfreich, weil man sie sich nicht mit Hilfe von einfachem Grammatikkenntnissen erschließen kann.

zustimmen

nầ	Mehr als erwartet!
yangān eeng	Genau so!
díao-nìi eeng	Genau jetzt!
lā̈'ngai	So ist es!, Das ist es!
yangān lä'	So ist es!
chài lā̈äo	Stimmt!
nầä-nɵɵn	Sicher!, Bestimmt!
tham yaang nīi gkɵ̀' dii *machen Art diese auch gut*	So geht's auch!
dtaam sabaai *folgen wohl*	Wie es Ihnen/dir beliebt!
thìi-nái / müarai gkɵ̀' dàai *wo / wann auch können*	Egal wo / wann!
mái lok gkamlang dii *nicht doch gerade gut*	Finde ich nicht, ist gerade recht!
rìiap-rɵ̄ɵi	Alles O.K.!, Erledigt!

Unzufriedenheit, Missfallen äußern

Viele der hier genannten Ausrufe sind typisch und werden fast nahtlos in den Gesprächsfluss eingebaut, so dass sie für Anfänger kaum wahrnehmbar sind; dabei werden sie sehr häufig verwendet.

mǟä	Ausdruck der Unzufriedenheit, des Bezweifelns
thòo	geringes Missfallen über Äußerung
ōoi; wāa	bei Missfallen

Bewertung

nàa-gkl̲iat	Wie hässlich!
nàa-rāk	Wie nett, hübsch!
ngaam-thǟä	Wie schön (ästhetisch)!
súai-dii	Wie schön!
ar̲o̲oi màak	Sehr lecker!
s̲abaai-dii	Angenehm!, Gemütlich!

Erstaunen

nǟä; òohoo	ungläubiges Staunen
lǿö	Wirklich, ist das so?
djing-djing rǘü/lǿö	Wirklich?
bpen arai bpai *sein was gehen*	Was ist los?

weitere Ausrufe

bp̲aak wáan	Schmeichler!
rāwang	Achtung, Vorsicht!
(dja) dtaai	bei starker Gefühlsregung
mài mii thaang	Da ist nichts zu machen!

mài mii bpra'yoot	Es ist nutzlos!
nicht haben Nutzen	
àao	Was heißt das?
arai-gkan	Was ist los?
thàonān lä'	Das ist alles!
nìi-ngai; nìi-a	Hier!, Dieser!
hēe (hōo yuu) (engl. *hey you!*)	Hey, hallo! (Anrede für Westler)
lǟäo khun là	Und wie steht's mit Ihnen?
nāa	Lass mich nachdenken!
khun dja' bpai nái là	Wohin fahren Sie?
Sie ZUK. gehen wohin P	

Das erste Gespräch

Mit einem Smartphone können Sie sich die mit einem 👂 gekennzeichneten Sätze dieses Kapitels anhören. Scannen Sie einfach den QR-Code mit Hilfe einer kostenlosen APP (z. B. „Barcoo“ oder „Scanlife“).

Erste Gespräche gleichen sich fast überall. Thai zeigen dabei ehrliche Neugier und Interesse, das auch vor dem Alter und dem Geldbeutel nicht Halt macht. Die Frage nach Alter und Verdienst helfen bei der sozialen Einstufung, die in einer senkrecht strukturierten Gesellschaft wie Thailand wichtig ist.

คุณชื่ออะไรครับ/คะ
👂 **khun chü̂ü arai khrāp/khā'**
Sie Name was HPm/w
Wie heißen Sie?

คุณมีชื่อเล่นว่าอะไร
👂 **khun mii chü̂ü-lèn wàa arai**
Sie haben Name-spielen sagen was
Wie lautet Ihr Spitzname?

ฉันชื่อ...(ทีน่า)แล้วคุณล่ะ
👂 **chān chü̂ü ... [tina] lǣ' khun lā**
ich(w) Name ... [Tina] und Sie P
Ich heiße ... [Tina], und Sie?

👂 **phóm chü̂ü sompong**
ich(m) Name Sompong
Ich heiße Sompong.

ชื่อ	**chü̂ü**	Vorname
ชื่อเล่น	**chü̂ü-lèn** *Name-spielen*	Spitzname
นามสกุล	**naam-sagkun**	Familienname

คุณมาจากไหน
khun maa djaak nái
Sie kommen von welcher
Woher kommen Sie?

ผม/ฉันมาจากเยอรมนี
phóm/chān maa djaak yööramanii
ich(m/w) kommen von Deutschland
Ich komme aus Deutschland.

Viele Ländernamen leiten sich von den englischen Namen ab und werden lediglich nach Thai-Art ausgesprochen und geschrieben.

คุณเป็นคนชาติอะไรครับ/คะ
khun bpen khon chàat arai khrāp/khā'
Sie sein Person Nationalität was HPm/w
Welche Nationalität haben Sie?

yööramanii	Deutschland	เยอรมนี
ōosdtria	Österreich	ออสเตรีย
khaméen	Kambodscha	เขมร
bprathèet djiin	China	ประเทศจีน
sawītsöölään	Schweiz	สวิสเซอร์แลนด์
needtöölään	Niederlande	เนเธอร์แลนด์
bprathèet thai	Thailand	ประเทศไทย
yiibpun	Japan	ญี่ปุ่น

phóm/chān bpen chaao laao / khon thai
(**khon** ist gebräuchlicher!)
ich(m/w) sein Bewohner Laos / Mensch Thai
Ich bin Laot(in) / Thai.

คุณมาจากจังหวัดไหน
khun maa djaak djangwat nái
Sie sein Mensch Provinz welche
Aus welcher Provinz stammen Sie?

Thai fragt man nach der Provinz, aus der sie stammen, nicht nach der Stadt.

ภาคกลาง
phàak gklaang
Region Mitte
mittlere Region

ภาคเหนือ
phàak nǘüa
Region Norden
nördliche Region

ภาคใต้
phàak dtàai
Region Süden
südliche Region

ภาคอีสาน
phàak isáan
Region Nordosten
nordöstliche Region

Bei Kindern unter 12 Jahren sagt man **khuap** *statt* **bpii**.

คุณอายุเท่าไร
khun aayū thàorai
Sie Alter wieviel
Wie alt sind Sie?

ผม/ฉันอายุ...ปี
phóm/chān aayū ... bpii
ich(m/w) Alter ... Jahre
Ich bin ... Jahre alt.

แล้วคุณล่ะ อายุเท่าไร
lǟäo khun là aayū thàorai
und Sie P Alter wieviel
Und wie alt sind Sie?

khrāng-nīi bpen khrāng rä̀äk chài-māi thìi khun maa müang thai
Mal-dies sein Mal erstes trifft-zu dass Sie kommen Land Thai
Sind Sie zum ersten Mal in Thailand?

chài khrāp/khà'
zutreffen HPm/w
Ja, stimmt.

mài chài khrāp/khà', maa sáam khrāng lǟäo
nicht zutreffen HPm/w, kommen drei Mal schon
Nein, ich war schon dreimal hier.

khun tham-ngaan arai
Sie machen-Arbeit was
Was arbeiten Sie?

Auch für den Beruf zeigen Thai großes Interesse.

คุณมีอาชีพอะไรครับ/คะ
khun mii aachìip arai khrāp/khā'
Sie haben Beruf was HPm/w
Was sind Sie von Beruf?

phóm/chān bpen ... *ich(m/w) sein ...*	Ich bin ...	ผม/ฉันเป็น...
djào-nàathìi	Angestellte(r)	เจ้าหน้าที่
gkamma-gkoon	Arbeiter	กรรมกร
phäät- / mo·o(-yíng)	Arzt (Ärztin)	แพทย์/หมอ(หญิง)
khàa-ràatcha-gkaan	Beamte(r)	ข้าราชการ
phùu-amnuay-gkaan	Direktor	ผู้อำนวยการ
nāk-... / phùu ...	Experte	นัก .../ผู้...
chàang-fai-fāa *Handw.-Elektrizität*	Elektriker	ช่างไฟฟ้า
chàang-thaai-rùup *Handw.-fotografieren*	Fotograf(in)	ช่างถ่ายรูป
chàang-dtat-phóm *Handw.-schneiden-Haar*	Friseur(in)	ช่างตัดผม
nāk-thūrāgkit *Experte-Geschäf*	Geschäftsmann, Geschäftsfraut	นักธุรกิจ
chàang *Handwerker*	Handwerker	ช่าง
witsawāgkoon	Ingenieur(in)	วิศวกร
nāk-nangsǘü-phim *Experte-Buch-drucken*	Journalist(in)	นักหนังสือพิมพ์
naang-phayaabaan *Frau-pflegen*	Krankenschwester	นางพยาบาล
khruu	Lehrer(in)	ครู

ผู้จัดการ	**phùu-djat-gkaan**	Manager
ทนายความ	**thānaai-khwaam**	Rechtsanwalt(in)
ช่างตัดเสื้อ	**chàang-dtat-sŭa**	Schneider(in)
	Handw.-schneiden-Stoff	
ช่างไม้	**chàang-māi**	Schreiner
	Handwerker-Holz	
นักเรียน	**nāk-rian**	Schüler(in)
	Experte-lernen	
เลขานุการ	**leekháanūgkaan**	Sekretär(in)
นักศึกษา	**nāk-süksáa**	Student(in)
	Experte-erziehen	
นักท่องเที่ยว	**nāk-thòong-thìao**	Tourist(in)
	Experte-reisen	
นักวิชาการ	**nāk-wīchaagkaan**	Wissenschaftler(in)
	Experte-Wissenschaft	

khun dja' yuu thìi müang thai naan thàorai
Sie ZUK. sich-befinden Ort Land Thai lange wieviel
Wie lange werden Sie in Thailand bleiben?

iik ... thàonān
noch ... nur
Nur noch ...

khun chòop müang thai māi
Sie mögen Land Thai FP
Gefällt Ihnen Thailand?

chòop màak
mögen sehr
Ja, sehr.

müüang-thai súai-ngaam
Land-Thai schön
Thailand ist schön.

khon thai djai-dii
Mensch Thai freundlich
Die Thai sind freundlich.

aaháan arooi-dii
Essen schmackhaft
Das Essen schmeckt gut.

yin-dii thìi dài rūu-djak (khun)
froh dass VERG. kennen (Sie)
Ich freue mich, Sie kennengelernt zu haben.

Auch die Frage nach der Religion wird mit Sicherheit gestellt. Dazu ist zu sagen, dass es in Asien eine Selbstverständlichkeit ist, einer Religion anzugehören. Selbst wer aus der Kirche ausgetreten ist, sollte eine Religionszugehörigkeit angeben.

Atheisten sind – außer unter den Kommunisten, von denen es nicht mehr viele gibt – in Thailand wenig geachtet.

คุณนับถืออะไร
khun nāp-thűü arai
Sie glauben-an was
Welches ist Ihre Religion?

ผม/ฉันนับถือ...
phóm/chān nāp-thűü ...
ich(m/w) glauben-an ...
Ich glaube an ...

saatsanáa phūt	den Buddhismus	ศาสนาพุทธ
saatsanaa khrist(ian)	an das Christentum	ศาสนาคริสต์
saatsanáa islaam	an den Islam	ศาสนาอิสลาม

คุณแต่งงานแล้วหรือยัง
khun dtāng-ngaan lǟäo rűü yang
Sie Hochzeit schon oder noch
Sind Sie schon verheiratet oder noch nicht?

แต่งงานแล้ว	ยังเป็นโสด
dtä̲ng-ngaan lä̃äo	**yang bpen so̲ot**
Hochzeit schon	*noch sein ledig*
Ja, schon.	Nein, ich bin noch ledig.

Wenn man nicht mehr gerade im „Teenager-Alter" ist, sollte man einfach sagen, dass man schon verheiratet ist und evtl. sogar schon Kinder hat, auch wenn dies nicht der Wahrheit entspricht. Ab einem gewissen Alter ist es in Thailand eben üblich, verheiratet zu sein.

dtä̲ng maa si̲p gkwa̲a bpii lä̃äo
heiraten kommen zehn mehr Jahre schon
Ich bin seit über zehn Jahren verheiratet.

(bpen) so̲ot	ledig (sein)
màn (maa)	verlobt
dtä̲ng-ngaan	Hochzeit; heiraten, verheiratet
ya̲a (maa)	geschieden
yä̀äk (maa)	getrennt
fään	Freund(in), Ehepartner, Geliebte(r)
phan(ra)yaa, miia	Ehefrau (**miia**: wenig höflich)
miia nōoi	Nebenfrau
sáamii, phúa	Ehemann (**phúa**: wenig höflich)
lùuk-sáao; but-sáao	Tochter
lùuk-chaai; but-chaai	Sohn (**but** ist jeweils förmlicher)

มีลูกแล้วหรือยัง

mii lùuk lǟäo rǘü yang

haben Kind schon oder noch

Haben Sie (schon) Kinder?

mii sáam khon

haben drei KW

Ich habe drei Kinder:

ลูกสาวหนึ่งคน

lùuk-sáao nü̲ng khon

Tochter eins KW

eine Tochter

ลูกชายสองคน

lùuk-chaai sɵɵng khon

Sohn zwei KW

zwei Söhne

Wer allein herumreist, wird vielleicht gefragt:

khīt-thǘng lùuk / phɵ̀ɵ-mǟ̀ä māi

vermissen Kind / Eltern FP

Vermissen Sie Ihre Kinder / Eltern?

khīt-thǘng krāp/khà'

vermissen HPm/w

Ja, ich vermisse sie.

khīt-thǘng bàan

vermissen Haus

Ich habe Heimweh.

คุณพัก(อยู่)ที่โรงแรมไหน

khun phāk (yu̲u) thìi roong-rǟäm nái

Sie bleiben (sich-befinden) Ort Hotel wo

In welchem Hotel wohnen Sie?

พักอยู่ที่...

phāk-yu̲u thìi ...

bleiben-sich-befinden Ort ...

Ich wohne derzeit im/bei ...

Unterwegs

Mit einem Smartphone können Sie sich die mit einem gekennzeichneten Sätze dieses Kapitels anhören.

Die folgenden beiden Fragen sind eher als Gruß zu verstehen und verlangen keine konkreten Antworten. In abgelegenen Gebieten kann es freilich von Nutzen sein, wenn jemand weiß, wohin man geht.

… zu Fuß

bpai nái
gehen wo
Wohin des Wegs?

bpai nái maa
gehen wo kommen
Woher kommen Sie?

ไป...ได้อย่างไร
bpai … dài yaangrai
gehen … können wie
Wie komme ich zu/nach …?

ผม/ฉันอยาก(จะ)ไป
phóm/chān yaak(-dja') bpai …
ich(m/w) möchten(-ZUK.) gehen …
Ich möchte nach … gehen/fahren.

...อยู่ที่ไหน
… yuu thìi-nái
sich befinden Ort-welcher
Wo ist …?

ที่นี่ที่ไหน
thìi-nìi thìi-nái
Ort-dieser Ort-welcher
Wie heißt dieser Ort?

เราหา...
rao háa …
wir suchen …
Wir suchen …

ไป...ไกลมากไหม
bpai … gklai màak māi
gehen … weit viel FP
Ist es weit nach …?

ไป...จะใช้เวลาเท่าไร
bpai ... dja' chāi weelaa thàorai
gehen ... ZUK. brauchen Zeit wieviel
Wie lange dauert es bis ...?

เดินไป...ได้ไหม
döön bpai ... dài māi
zu-Fuß-gehen gehen ... können FP
Kann ich nach ... zu Fuß gehen?

...ใกล้กับที่นี่ไหม
... gklài gkāp thìi-nìi māi
... nah mit Ort-dies FP
Ist ... hier in der Nähe?

นั่งรถเมล์ไปดีกว่า
nàng rōt-mee bpai dii-gkwaa
sitzen Bus gehen gut-mehr
Besser, man fährt mit dem Bus.

thanón ...	...-Straße	ถนน
sooi ...; dtrook ...	...-Gasse	ซอย, ตรอก
thaang bpai ...	Straße / Weg nach ...	ทางไป
saphaan ...	...-Brücke	สะพาน
wāt ...	Wat ...	วัด
boot ...	...-Kirche	โบสถ์
surao	...-Moschee	สุเหร่า
dtalaat-...	...-Markt	ตลาด
dtalaat-nām	Schwimmender Markt	ตลาดน้ำ
phīphītthāphan-...	...-Museum	พิพิธภัณฑ์
anūsáawārii-...	...-Denkmal	อนุสาวรีย์
súan ...	...-Park	สวน
súan-sat	Zoo	สวนสัตว์

ร้านอาหาร...	**rāan-aaháan ...**	Lokal ...
ร้านขาย...	**rāan kháai ...**	...-Laden
โรงแรม...	**roong-rääm ...**	Hotel ...
สี่แยก	**sii-yầäk**	Kreuzung
สามแยก	**sáam-yầäk**	Gabelung
ตรงไป	**dtrong-bpai**	geradeaus
เลี้ยวซ้าย	**līao sāai**	links abbiegen
เลี้ยวขวา	**līao khwáa**	rechts abbiegen
ตรงข้าม	**dtrong-khàam**	gegenüber
ทิศเหนือ	**thīt-nǘüa**	Norden
ทิศใต้	**thīt-dtàai**	Süden
ทิศตะวันออก	**thīt-dtawan-ook**	Osten
ทิศตะวันตก	**thīt-dtawan-dtok**	Westen
ทิศตะวันออกเฉียงเหนือ	**thīt-dtawan-ook chíang nǘüa** *Osten Diagonale Norden*	Nordosten
คนนำ	**khon-nam**	Führer (Person)
แผนที่	**phấän-thìi**	Stadtplan, Landkarte

Schilder

ทางเข้า	**thaang-khào**	Eingang
ทางออก	**thaang-ook**	Ausgang
เปิด-ปิด	**bpööt – bpit**	geöffnet – geschlossen
ห้ามสูบบุหรี่	**hàam-suup-burii**	Rauchverbot
หยุด	**yut**	Stopp
ทางด่วน	**thaang duan**	Autobahn
สถานีรถไฟ	**satháanii-rōt-fai**	Bahnhof
สถานีขนส่ง	**satháanii-khón-song**	Bus-Terminal
โรงพยาบาล	**roong-phayaabaan**	Krankenhaus
สถานีตำรวจ	**satháanii-dtamruat**	Polizei
โรงแรม	**roong-rääm**	Hotel
ไปรษณีย์	**bpraisanii**	Postamt

... mit dem Bus

Das Busnetz ist das dichteste und preiswerteste Verkehrssystem. Es stehen unterschiedliche Bustypen zur Verfügung. Um den Fahrpreis zu ermitteln, muss man sein Fahrziel kennen und benennen. Bei Buslinien in Bangkok sagt man **sáai** (Linie), z. B. **sáai yìip-gkàao** (Linie 29) oder **bpo-oo sáai sip-sáam** (Air 13).

ผม/ฉันต้องการไป
phóm/chān dtòng-gkaan bpai ...
ich(m/w) möchte gehen ...
Ich möchte nach ... fahren.

รถเมล์สายไหนไป
rōt-mee sáai nái bpai ...
Bus Linie welche gehen ...
Welcher Bus fährt nach ...?

ค่าโดยสารไป ...เท่าไร
(khàa-dooisáan) bpai ... thàorai
(Gebühr-Fahrgast) gehen ... wieviel
Wie viel kostet die Fahrt nach ...?

ขอตั๋วหนึ่งใบครับ/ค่ะ
kho-o dtúa nüng bai khrāp/khà'
bitten-um Karte eine KW HPm/w
Ich möchte eine Karte.

รถไป ...ออกจากที่ไหน
rōt bpai ... ook djaak thìi-nái
Wagen gehen ... herausgehen von Ort-welcher
Von wo fährt der Bus nach ... ab?

Für längere Strecken und Nachtfahrten eignen sich vor allem die **V.I.P.**-*Busse wegen der bequemen Liegesitze und des Services. Wer noch billiger reisen will, kann mit den Non-Air-Condition-Bussen fahren; für Leute mit langen Beinen sind die Sitze allerdings bei langer Fahrtdauer recht unbequem.*

รถจะออกกี่โมง
rōt dja' ɵɵk gkii moong
Wagen ZUK. herausgehen wieviel Uhr
Wann fährt der Bus ab?

(rɵɵ) diáo
(warten) Moment
Moment, ich muss noch aussteigen! (im Bus)

(เมื่อ)ถึง...กรุณาบอกด้วย
(mùa) thŭng ... gkarūnaa bɵɵk dùai
(wenn) ankommen ... bitte sagen mit
Bitte sagen Sie mir Bescheid, wenn wir in ... ankommen.

กรุณาหยุดครับ/ค่ะ, ผม/ฉันจะลงที่นี่
gkarūnaa yut khrāp/khà', phóm/chān dja' long thìi-nìi
bitte halten HPm/w, ich(m/w) ZUK. aussteigen Ort-dieser
Bitte halten Sie, ich steige hier aus.

รถ	**rōt**	Wagen (allg.), Bus
ป้ายรถเมล์	**bpàai rōt-mee**	Bushaltestelle (Stadt)
ศาลา	**sáalaa**	Bushaltestelle (Land)
รถเมล์	**rōt-mee,**	Stadtbus
รถประจำทาง	**rōt-bpradjam-thaang**	
รถทัวร์	**rōt-thua**	Reisebus
รถวี.ไอ.พี.	**rōt-V.I.P.**	V.I.P.-Bus
รถด่วน	**rōt-duan**	Expressbus
ปรับอากาศ	**bprap-aagkaat**	Air-Conditioning
ขนส่ง	**khón-song**	Transport
สถานีขนส่ง	**satháanii-khón-song**	Busbahnhof

chaan-chalaa/ chɵ̀ɵng	Bahnsteig (Zug/Bus)	ชานชลา
sɵ·ɵng-thǎ́äo	Lkw oder Pickup	สองแถว
dtúa	Fahrkarte	ตั๋ว

in Bangkok:

mɵ·ɵ-chǐt 1, 2	nördl. Busbahnhof 1 (für Nordosten), 2 (für Norden)	หมอชิต1 *(Bahnhof 1)* หมอชิต2 *(Bahnhof 2)*
eegkamai	Ekamai	เอกมัย
sáai-dtàai mai	südlicher Busbahnhof	สายใต้ใหม่

… mit dem Zug

Wer bequem und vor allem nachts reisen will, dafür aber wenig Geld ausgeben möchte, ist mit der Eisenbahn gut bedient. Die Züge sind recht pünktlich, und die Liegewagen der 2. Klasse sind sauber und bequem (mit und ohne Air-Conditioning); es gibt stets Speisewagen, das Essen und Getränke werden aber auch an den Platz gebracht. Wer noch billiger reisen will, fährt in der 3. Klasse. Tagsüber ist das für kürzere Strecken durchaus passabel, zumindest sehr lebendig. Expresszüge haben allerdings keine 3. Klasse.

Wer in Bangkoks „Hualampong-Station“ Fahrkarten kauft und reserviert, braucht keine Thai-Kenntnisse. Rechtzeitige Buchung von Liegewagenplätzen ist angeraten, besonders während der Hauptsaison, der Ferien oder an langen Wochenenden/Feiertagen.

Die genauen Angaben für die Platzreservierung teilt man am am besten wie die Einheimischen mit: Ort, Zahl und Art der Plätze, Klasse, Zeitpunkt.

จอง/ซื้อตั๋วที่ไหนครับ/คะ
djoong / sũü dtúa thìi-nái khrāp/khā'
reservieren / kaufen Karte Ort-welcher HPm/w
Wo kann man Fahrkarten reservieren/ kaufen?

ขอจองที่นั่งสองที่
kho·o djoong thìi-nàng so·ong thìi
bitten-um reservieren Platz-sitzen zwei Ort
Ich möchte zwei Sitzplätze reservieren.

ตั๋วหมดอายุเมื่อไร
dtúa mot aayū mũarai
Karte Ende Alter wann
Wann wird die Fahrkarte ungültig?

รถไฟจะถึง(สถานี) ...กี่โมง
rōt-fai dja' thũng (satháanii) ... gkii-moong
Zug ZUK. ankommen (Station) ... wieviel-Uhr
Wann wird der Zug in ... eintreffen?

กรุณาช่วยดูที่นั่งให้ด้วยสักครู่
gkarūnaa chùai duu thìi-nàng hài dùai sak khrùu
bitte helfen sehen Ort-sitzen für mit etwas Weile
Könnten Sie bitte kurz auf den/die Sitzplätze aufpassen?

ผม/ฉันจะต่อรถที่ไหนครับ/คะ
phóm/chān dja' dtoo rōt thìi-nái khrāp/khā'
ich(m/w) ZUK. verbinden Wagen Ort-welcher HPm/w
Wo muss ich umsteigen?

sathǎanii rōt-fai	Bahnhof	สถานีรถไฟ
chòong khǎai dtǔa	Fahrkartenschalter	ช่องขายตั๋ว
khàa-dooisǎan	Fahrpreis	ค่าโดยสาร
dtǔa-bpai-gklap	Rückfahrkarte	ตั๋วไป-กลับ
rōt-thammadaa	normaler Zug	รถธรรมดา
rōt-reo	Schnellzug	รถเร็ว
rōt-duan	Express	รถด่วน
rōt-nàng	(Sitz)Wagen	รถนั่ง
rōt-noon	Liegewagen	รถนอน
thìi-noon, dtùu-noon	Liegeplatz	ที่นอน, ตู้นอน
thìi(-nàng)	(Sitz)Platz	ที่นั่ง
chān nüng	1. Klasse	ชั้นหนึ่ง
chān sǒong	2. Klasse	ชั้นสอง
chān sǎam	3. Klasse	ชั้นสาม
naai-sathǎanii	Bahnhofsvorsteher	นายสถานี
rōt-sabiang	Speisewagen	ตู้เสบียง

dtǔa	Fahrkarte	ตั๋ว
bai	(KW für Karten)	ใบ
sūū	kaufen	ซื้อ
djoong	reservieren	จอง
khrǖng-rakhaa	halber Preis (Körpergröße zählt!)	ครึ่งราคา
ruam	inbegriffen	รวม
khàng bon	oben (Liegeplatz)	ข้างบน
khàng-làang	unten (Liegeplatz)	ข้างล่าง
chīt-nàa-dtaang	am Fenster	ชิดหน้าต่าง
yut	halten	หยุด
thǖng	ankommen	ถึง
khǖn rōt	einsteigen	ขึ้นรถ
long rōt	aussteigen	ลงรถ
dtoo rōt, bplian rōt	umsteigen	ต่อรถ, เปลี่ยนรถ

เวลารถออก	**weelaa-rōt-o̲ok**	Abfahrtszeit
เวลารถเข้ามา	**weelaa-rōt-khào-maa**	Ankunftszeit
คนยกของ	**khon-yōk-khe̲-e̲ng** *Person-heben-Sachen*	Gepäckträger
กระเป๋า(เดินทาง)	**gkra'bpáo (döön-thaang)**	(Reise)Gepäck, Tasche
ว่าง	**wàang**	frei, unbesetzt

... mit dem Taxi

Manche Taxifahrer haben nach Abzug der Tagesmiete, Ausgaben für Treibstoff und ggf. Strafzettel am Ende eines 12-Stunden-Tages nicht einmal 100 Baht in der Tasche. Wer also freiwillig etwas mehr zahlt, tut meistens etwas Gutes.

Vor Beginn der Taxifahrt muss unbedingt zuerst der Fahrpreis ausgehandelt werden, da es außerhalb Bangkoks keine Taxameter gibt. Ausländer zahlen meist einen höheren Preis. Manche Thai handeln nicht sehr hart, weil sie nicht als geizig gelten wollen. Taxis sind in Bangkok teurer geworden, weil die großen Taxi-Firmen deutlich höhere Mieten für die Taxis verlangen als früher. Vor einer Taxifahrt sollte man Einheimische fragen, wie teuer ungefähr eine Fahrt zum Zielort ist, wobei auch die Tageszeit eine Rolle spielt, denn zu Stoßzeiten (Staus) wird die Fahrt natürlich teurer. Seit es in Bangkok Taxameter gibt, sind die Fahrten meist billiger. Vom/zum Flughafen wollen die meisten einen Festpreis.

Wer am Don-Muang-Flughafen (in Bangkok) ein Taxi will, kann sich dort einen „Gutschein" besorgen und einen festen Preis je nach Ziel zahlen. Wer anderswo sicher gehen will, lasse sich das Fahrziel vorher auf Thai aufschreiben. Auch ist es sinnvoll, die eigene Adresse auf Thai dabeizuhaben.

ไป...เท่าไร
bpai ... thàorai
gehen ... wieviel
Wie viel kostet die Fahrt nach ...?

ทำไมแพงอย่างงั้น
thammai phääng yang-ngān
warum teuer so
Warum so teuer?

mài phääng khrāp
nicht teuer HPm
Das ist nicht teuer.

rōt dtit màak
Wagen kleben viel
Es gibt viele Staus.

khàa nām-man phääng
Gebühr Treibstoff teuer
Der Sprit ist teuer.

bpogkadti phóm/chān bpai ... baat thàonān
gewöhnlich ich(m/w) gehen ... Baht nur
Normalerweise zahle ich nur ... Baht.

mài dài rok khrāp
nicht können doch HPm
Geht nicht.

thàa yang-ngān ... baat dài māi
wenn so ... Baht können FP
In dem Fall, wie wär's mit ... Baht?

... baat gkò-lǟäo-gkan
... Baht auch-schon-zusammen
... Baht, mehr zahle ich nicht. *(Fahrgast)*
... Baht, darunter geht nichts. *(Taxifahrer)*

Taxifahrten eignen sich gut zum Üben eines „small talk", das auch für den Fahrer eine willkommene Abwechslung im harten Alltag ist.

phääng-bpai lōt nooi dài māi
teuer-gehen verringern etwas können FP
Zu teuer, geht es etwas billiger?

oo khee / dtok-long ... baat
o.k. / einverstanden ... Baht
O.K. ... Baht.

thoon hài phóm/chān yìi-sip baat
herausgeben geben ich(m/w) 20 Baht
Geben Sie mir 20 Baht heraus.

yut/djoot dtrong-nīi	Halte / parke genau hier!
līao sāai/khwáa	Biege links / rechts ab!
khào sooi/thanón nīi	Fahr in diese Soi / Straße!
chā-chāa nooi	Etwas langsamer bitte!
yaa khap reo nā	Fahr bitte nicht zu schnell!
sáam-lōo	Dreirad (Fahrrad-Rikscha)
dtūk-dtūk	Tuk-Tuk (Motorrad-Rikscha)
moodtöösai-rāp-djàang	Motorrad-„Taxi" (gut im Stau)

... mit dem Boot / Schiff

Boote gibt es praktisch überall dort, wo eine Fahrt auf dem Wasser möglich ist.

thàa(-rüüa)	Bootsanlegestelle (Hafen)	ท่าเรือ
rüüa	Boot, Schiff	เรือ
rüüa-duan	Expressboot	เรือด่วน
rüüa-khàam-fàak	Fähre	เรือข้ามฟาก
rüüa-háang-yaao	Langschwanzboot	เรือหางยาว
long rüüa	aufs Boot steigen	ลงเรือ
khûn rüüa	aus dem Boot aussteigen (umgekehrt zu Bus, Auto etc.)	ขึ้นเรือ
bpai dooi rüüa	mit dem Boot / Schiff fahren	ไปโดยเรือ
lòng phää	mit dem Floß fahren	ล่องแพ

Auf dem Land

Auf dem Land ist man oft auf einen professionellen Führer angewiesen.

เราหาคนนำทางให้เรา
rao háa khon-nam-thaang hài rao
wir suchen Mensch-führen für wir
Wir suchen jemanden, der uns führen kann (gegen Entgelt).

ไป...ใช้เวลาสักเท่าไร
bpai ... chāi-weelaa sāk-thàorai
gehen ... benutzen-Zeit etwa-wieviel
Wie lange braucht man etwa nach ...?

Bei diesen Zeitangaben sollte man vorsichtig sein! Die Einheimischen gehen sehr schnell zu Fuß. Ihre Zeitangaben decken sich wahrscheinlich nicht mit unserem Schritttempo.

ประมาณ...
bpramaan ...
etwa ...
Etwa ...

khun dja' thűng gkoon khàm
Sie ZUK. ankommen vor Dämmerung
Sie kommen vor der Dämmerung an.

mài gklai
nicht weit
Es ist nicht weit.

เดินทางนี้ (ไป...)ถูกไหม
döön thaang nīi (bpai ...) thuuk māi
gehen-zu-Fuß Weg dies (gehen ...) richtig FP
Ist dies der richtige Weg (nach ...)?

เราหลงทาง
rao lóng-thaang
wir verlaufen
Wir haben uns verlaufen.

ไปอย่างไรดี
bpai yaangrai dii
gehen wie gut
Wie geht man am besten?

Bedenken Sie, dass viele Thai keine Karte lesen können.

โปรดชี้บนแผนที่ว่าเดี๋ยวนี้เราอยู่ที่ไหน
bproot chīi bon phä́än-thìi wàa diao-nīi rao yuu thìi-nái
bitte zeigen auf Karte dass jetzt wir sich-befinden Ort-welcher
Bitte zeigen Sie uns auf der Karte, wo wir jetzt sind.

Pflanzen		
dtòn-māi *(KW-Holz)*	Baum	ต้นไม้
māi-sak	Teak(holz)	ไม้สัก
māi-phai	Bambus	ไม้ไผ่
phum-māi	Busch	พุ่มไม้
dọọk-māi	Blume, Blüte	ดอกไม้
dọọk-bua	Lotos	ดอกบัว
dọọk-mali	Jasmin	ดอกมะลิ
dọọk-gkluai-māi	Orchidee	ดอกกล้วยไม้
bai-māi	Blatt	ใบไม้
yàa	Gras	หญ้า
phūn-din	Boden	พื้นดิน
Landschaft		
bpaa	Dschungel	ป่า
kháo	Berg	เขา
phuu-kháo	Berg(e)	ภูเขา
yọọt(-kháo)	(Berg)Gipfel	ยอด(เขา)
hín	Stein, Fels	หิน
hup-kháo	Tal	หุบเขา
thàm	Höhle	ถ้ำ
nām-dtok	Wasserfall	น้ำตก
khüan	Damm	เขื่อน
mä̀ä-nām	Fluss	แม่น้ำ
büng	Sumpf	บึง
thalee-saap	See	ทะเลสาบ
am Meer		
thalee	Meer	ทะเล
chaai-thalee, fang-thalee	Küste	ชายทะเล, ฝั่งทะเล
fang mä̀ä-nām	Flussufer	ฝั่งแม่น้ำ
aao	Bucht	อ่าว
chaai-haat	Strand	ชายหาด
lä́äm	Halbinsel, Kap	แหลม

เกาะ, หมู่เกาะ	**gkɵ'; muu-gkɵ'**	Insel; Archipel
ทราย	**saai**	Sand
หินปะการัง	**hín-bpagkaraang**	Korallen
ดำน้ำ	**dam-nām**	tauchen
ดำผิวน้ำ	**dam-phiu-nām**	Schnorchel
ว่ายน้ำ	**wàai-nāam**	schwimmen
หาปลา	**háa-bplaa**	fischen
เรือหาปลา	**rüüa-háa-bplaa**	Fischerboot
ตกปลา	**dtok-bplaa**	angeln
ชาวประมง	**chaao-bpramong**	Fischer

	Landwirtschaft	
การเกษตร	**gkaan-gkaseet**	Landwirtschaft
นา	**naa**	Reisfeld
ไร่	**rài**	Feld, Acker
ชาวนา	**chaao-naa**	Reisbauer
ทำนา	**tham naa**	Reisfeld bearbeiten
ดำนา	**dam naa**	Reis pflanzen
เกี่ยวข้าว	**gkiao khàao**	Reis ernten
ตำข้าว	**dtam khàao**	Reis stampfen
ชาวเขา	**chaao-kháo**	Bergbewohner (Bergstämme)

Tiere		
sat(-bpaa)	(Dschungel)Tier	สัตว์ป่า
múu(-bpaa)	(Wild)Schwein	หมู(ป่า)
ling	Affe	ลิง
mōt	Ameise	มด
míi	Bär	หมี
thàak	Blutegel	ทาก
chāang	Elefant	ช้าง
bpet	Ente	เป็ด
bplaa	Fisch	ปลา
gkop	Frosch	กบ
bplaa-chaláam	Hai	ปลาฉลาม
sunāk, máa	Hund	สุนัข, หมา
dtakhaap	Hundertfüßler (giftig)	ตะขาบ
māläängْ	Insekt	แมลง
māläängْ-saap	Kakerlake	แมลงสาบ
mäāo	Katze	แมว
gkùng	Krabbe	กุ้ง
bpuu	Krebs	ปู
djorākhèe	Krokodil	จระเข้
yung	Moskito	ยุง
ho-oi	Muschel	หอย
māa	Pferd	ม้า
wua	Rind	วัว
dtao	Schildkröte	เต่า
nguu	Schlange	งู
nguu-hao	Kobra	งูเห่า
phíi-sǖüa	Schmetterling	ผีเสื้อ
māläängْ-bpoong	Skorpion	แมลงป่อง
sǖüa	Tiger	เสือ
bplaa-mük	Tintenfisch	ปลาหมึก
(rang-)nōk	Vogel(Nest)	รัง(นก)
khwaai	Wasserbüffel	ควาย
djìng-djok	Zimmergecko	จิ้งจก

Übernachten

Mit einem Smartphone können Sie sich die mit einem ୨ gekennzeichneten Sätze dieses Kapitels anhören.

Das Angebot an Hotels, Bungalow-Anlagen, Guest Houses u. a. hat sich stark erhöht. Die üblicherweise von Chinesen geführten Hotels in den Provinzstädten sind in der Regel einfach, preiswert, sauber und immer im Ortszentrum gelegen. Manche haben allerdings auch Bordellbetrieb. Grundsätzlich braucht man in größeren Herbergen kein Thai sprechen zu können; im Gegenteil: ist doch das Personal nicht zuletzt aufgrund ihrer Englischkenntnisse eingestellt worden. Sie verlieren ja quasi ihr Gesicht, wenn Touristen mit ihnen auf Thai zu reden versuchen.

Die folgenden Sätze und Wörter sind für Orte gedacht, wo man noch nicht auf (westliche) Touristen eingestellt ist.

จะพักได้ที่ไหน
୨ **dja' phāk dài thìi-nái**
ZUK. bleiben können Ort-welcher
Wo können wir übernachten?

โรงแรมดีๆอยู่ที่ไหน
୨ **roong-rääm (dii-dii) yuu thìi-nái**
Hotel (gut-gut) sich-befinden Ort-welcher
Wo ist gibt es ein (gutes) Hotel?

โรงแรมราคาถูกๆแถวนี้มีไหมครับ/คะ
୨ **roong-rääm raakhaa thuuk-thuuk thǎo-nīi mii māi khrāp/khā'**
Hotel Preis billig-billig Gegend-diese haben FP HPm/w
Gibt es hier ein sehr preiswertes Hotel?

ช่วยพาเราไปโรงแรมหน่อยได้ไหมครับ/คะ
chùai phaa rao bpai roong-rääm nooi (dài māi) khrāp/khā'
helfen begleiten wir gehen Hotel etwas (können FP) HPm/w
Würden Sie uns bitte zum Hotel führen?

มีห้องว่างไหมครับ/คะ
mii hòong wàang māi khrāp/khā'
haben Zimmer frei FP HPm/w
Haben Sie freie Zimmer?

ผม/ฉันต้องการห้องเดี่ยว
phóm/chàn dtòng-gkaan hòong-diao
ich(m/w) möchte Zimmer-einzeln
Ich möchte ein Einzelzimmer.

In Thailand kann man vielerorts in den Wats, den buddhistischen Tempeln, (gegen eine freiwillige kleine Spende) übernachten. In den Bergdörfern ist es meist das Haus des Dorfvorstehers, in dem man unterkommen kann.

hòong-diao	Einzelzimmer	ห้องเดี่ยว
hòong-khùu	Doppelzimmer	ห้องคู่
hòong-thamadaa/ -phāt-lom	Zimmer (mit Ventilator)	ห้องธรรมดา/พัดลม
hòong mii ää	Zimmer mit Air-Conditioning	ห้องมีแอร์
hòong-ngìap ngìap	ruhiges Zimmer	ห้องเงียบๆ
hòong (rakhaa) thuuk-gkwaa-nīi	billigeres Zimmer	ห้อง(ราคา)ถูกกว่านี้
hòong dii-gkwaa nīi	besseres Zimmer	ห้องดีกว่านี้
djoong	reservieren	จอง
bai-set	Rechnung, Quittung	ใบเสร็จ
(lùuk) gkundjää	Schloss (Schlüssel)	(ลูก)กุญแจ
(khàa) thoorāsap	(Gebühr für) Telefon	(ค่า)โทรศัพท์
ruam hòong-nāam	mit Bad und WC	รวมห้องน้ำ

ห้องส้วม,สุขา	**hòong-sùam, sukháa**	Toilette
น้ำร้อน	**nāam rōon**	heißes Wasser
น้ำต้ม	**nāam-dtòm**	abgekochtes Wasser
ไฟฟ้า	**fai-fāa**	Strom
พัดลม	**phāt-lom**	Ventilator
สะอาด	**sa'aat**	sauber
สกปรก	**sogkabprok**	schmutzig
ชั้นหนึ่ง	**chān nüng** *Stockwerk eins*	Erdgeschoss
ชั้นสอง	**chān so·ong** *Stockwerk zwei*	1. Stock
หมอน	**mo·on**	Kissen
ผ้าห่ม	**phàa-hom**	Decke
ผ้าปูที่นอน	**phàa-phuu-thìi-noon**	Bettlaken
ผ้าเช็ดตัว	**phàa-chēt-dtua**	Handtuch
ตะเกียง	**dta'khiang**	Lampe
กางมุ้ง	**gkaang mung**	Moskitonetz aufspannen
บริการ	**borīgkaan(-sāk)**	Service (Wäsche-)
เสื้อผ้า	**sûa-phàa**	Kleidung
ซักรีด	**sāk-rìit**	waschen und bügeln
รีดผ้า	**rìit-phàa**	bügeln
ทำให้สะอาด	**tham-hài-sa'aat**	sauber machen

คืน/อาทิตย์ละเท่าไร
khüün / aathīt la thàorai
Nacht / Woche pro wieviel
Wie teuer pro Nacht / Woche?

ลดราคาอีกได้ไหมครับ/คะ
lōt raakhaa iik dài māi khrāp/khā'
verringern Preis mehr können FP HPm/w
Geht es noch etwas billiger?

คุณจะพักกี่คืน
khun dja' phāk gkii-khüün
Sie ZUK. bleiben wieviele-Nächte
Wie viele Nächte bleiben Sie?

ผม/ดิฉันจะพักคืนเดียว
phóm/di-chān dja' phāk khüün diao
ich(m/w) ZUK. bleiben Nacht einzeln
Ich bleibe nur eine Nacht.

ขอดูห้องก่อนได้ไหม
kho·o duu hòong gkoon dài māi
bitten-um sehen Zimmer vor können FP
Kann ich das Zimmer vorher anschauen?

มีห้องอีกไหม
mii hòong iik māi
haben Zimmer noch FP
Haben Sie noch andere Zimmer?

campen

khàai	Lager, Camp	ค่าย
gkrathòom	Hütte	กระท่อม
thìi-phāk	Unterkunft	ที่พัก
thìi-gkaang-dtēn(t)	Zeltplatz	ที่กางเต็นท์
mòo-húng-khàao	Kochtopf	หม้อหุงข้าว
bèe	Rucksack	เป้
thaan-fai-cháai	Batterien	ถ่านไฟฉาย
fai-cháai	Taschenlampe	ไฟฉาย
māi-khiit	Streichhölzer	ไม้ขีด
mìit-phāp	Taschenmesser	มีดพับ
chüak	Seil	เชือก

Essen & Trinken

Grundsätzlich werden, wenn man zu mehreren isst, wie fast überall in Asien, die bestellten Gerichte in die Mitte gestellt. Jeder bedient sich mittels der Servierlöffel, falls vorhanden, ansonsten mit dem eigenen (aber nie direkt in den Mund sondern erst auf den Teller) und nimmt sich erst nur von einem oder zwei Gerichten (um nicht gierig zu erscheinen).

Essen gehört mit Sicherheit zu den größten Vergnügen in Thailand; das gilt für Touristen und erst recht für die Einheimischen. Wenn Thai nicht gerade essen, denken sie vielleicht gerade darüber nach, was, wo, mit wem sie als nächstes essen könnten. Die Thai-Küche, die eine gewisse Verwandtschaft mit der chinesischen und indischen hat, legt großen Wert auf ästhetisch ansprechende Präsentation.

Thai lieben es, gemeinsam mit anderen zu essen, weil sie sowieso gern Gesellschaft zum Plaudern haben, aber vor allem auch, weil mehr Personen eine größere Vielfalt an Gerichten bedeutet. Wie in der chinesischen Küche rechnet man grob mit einem Gericht pro Person.

Nach Möglichkeit sollte ein Essen abwechslungsreich zusammengestellt werden: eine Suppe, ein Currygericht, Omelett, Gemüse, Salat, verschiedene Fleischsorten, die einzelnen Gerichte mal scharf, mal milder gewürzt, mal gebraten, mal gedünstet, rohes Gemüse u. ä. Die frischen Wurzeln und Blätter geben vielen Gerichten einen unnachahmlichen Geschmack. Die Vielfalt ist schier endlos.

Wer allein oder nur zu zweit isst, bestellt meist Reis- oder Nudelgerichte, die individuell serviert werden. Thai machen im Grunde keinen Unterschied zwischen Frühstück, Mittag- und Abendessen. Reis kann zu jeder

Mahlzeit gegessen werden: **gkin-khàao** (wörtl.: „essen Reis“) bedeutet einfach nur „essen“ (allgemein). Die Gerichte nennt man **gkap-khàao** („mit Reis“), sind also eigentlich Beilagen zum täglichen Reis. In der Regel ist kein Mittag- oder Abendessen komplett ohne Süßspeisen oder Obst als Magenschließer. Bei Einladungen sollte man deshalb etwas Platz lassen.

Grundsätzlich wird mit Löffel (in der rechten Hand) und Gabel, die das Essen auf den Löffel schiebt, gegessen. Da alles schon mundgerecht geschnitten ist, braucht man kein Messer. Suppen werden mit Löffel, chinesische Gerichte mit Stäbchen gegessen. Im Nordosten **(Isáan)** und im Norden wird der Klebreis **(khàao-níao)** aus Bambuskörbchen mit den Fingern (der rechten Hand!) herausgenommen und zu kleinen Klumpen geformt, die dann in die Soßen getunkt werden. Wenn man nicht genau weiß, wie das geht, kann man es sich ja bei den Thai abgucken.

Was es in einem Lokal zu essen gibt, kann man nicht immer auf Anhieb erkennen. Einfache Lokale schreiben an die Wandtafel, was es gibt – auf Thai natürlich. Speisekarten **(meenuu)** sind nicht immer zweisprachig. Wenn, dann zeigt der englische Teil oft nur einen Teil der tatsächlichen Auswahl. Manche Lokale bieten Fotos mit englischer Erläuterung und Umschrift des Thai-Namens. Solche Speisekarten sind natürlich ideal. Falls man mit Thai in einem Restaurant essen geht,

Wenn Thai außer Haus essen – und sie tun das sehr oft – zahlt üblicherweise die ranghöchste Person. Auch als Tourist sollte man dies ab und zu tun, wenn man nicht gerade mit einem schmalen Budget auskommen muss.

braucht man sich natürlich nicht um die Zusammenstellung der Mahlzeit zu kümmern. Ansonsten sollte man einfach mutig fragen:

มีอะไร พิเศษ
mii arai (phiseet)
haben was (Spezialität)
Was gibt es (an Spezialitäten)?

Thai-Gerichte haben meist keine phantasievollen Namen, sondern nennen häufig den Hauptbestandteil, die Zubereitungsart und besondere Beilagen. Da die Liste der thailändischen Leckereien endlos werden würde, hier nur eine kleine Auswahl.

Zubereitungsarten

ตุ๋น, นึ่ง	**dtún, nüng**	gedünstet
ทอด	**thòot**	fritiert
ยาง	**yàang**	gegrillt/geröstet
เผา	**pháo**	über Holzkohle gegrillt
ผัด	**phat**	gebraten
อบ	**op**	gebacken
ปิ้ง	**bpìng**	getoastet
สับ	**sap**	gehackt
ตม	**dtòm**	gekocht
ลวก	**lùak**	heiß übergossen
ยัดไส้	**yāt-sài**	gefüllt (Gurken, Paprika u.a.)
สอดไส้	**soot-sài**	gefüllt (z. B. Omelett)
เชื่อม	**chüam**	in süßem Sirup geköchelt
ดอง	**doong**	eingelegt
ดิบ, สด	**dib; sot**	roh (Gemüse)

Geschmack (rōt)

wáan	süß	**khem**	salzig
bprìao	sauer	**khóm**	bitter
bprìao-wáan	süß-sauer	**phet**	scharf

Eier (khai)

khai-daao	Spiegelei	ไข่ดาว
khai-djiao (múu-sap)	Omelett (mit Hackfleisch)	ไข่เจียว(หมูสับ)
khai-dtòm	gekochtes Ei	ไข่ต้ม
khai-khon	Rührei	ไข่คน
khai-yāt-sài	gefülltes Omelett	ไข่ยัดไส้
khai-lùak	weichgekochtes Ei	ไข่ลวก

Reis (khàao)

khàao-djào	Reis(körner)	ข้าวจ้าว
khàao-bplaao	gekochter Reis	ข้าวเปล่า
khàao-súai/-ho·om	gekochter Reis/ Duftreis	ข้าวสวย
khàao-níao	Klebreis (beliebt im Norden und Isáan, für Süßspeisen)	ข้าวเหนียว
khàao-maak	fermentierter Klebreis (Süßspeise)	ข้าวหมาก
khàao-dtang	Reiskruste (gebraten und getrocknet)	ข้าวตัง
aaháan-/gkap-khàao	Gerichte (allgemein)	อาหาร/กับข้าว
khàao-nàa-gkai	Huhn mit Soße auf Reis	ข้าวหน้าไก่
khàao-ràat-gkäang	Reis mit Curry	ข้าวราดแกง

ข้าวหน้าเป็ด	**khàao-nàa-bpet**	gebratene Entenscheiben auf Reis
ข้าวผัดไก่/กุ้ง	**khàao-phat gkai/gkùng**	gebratener Reis mit Huhn/Krabben

Nudeln

ก๋วยเตี๋ยว	**gkúei-dtíao**	Reisnudeln
เส้นเล็ก/เส้นใหญ่	**sèn lēk – sèn yai**	dünn – breit (Nudeln)
บะหมี่	**ba'mii**	(Weizen-)Eiernudeln
ขนมจีน	**khanóm-djiin**	dünne, klebrige Reisnudeln (gut für Curry)
วุ้นเส้น	**wūn-sèn**	Glasnudeln (aus Bohnenmehl)
ผัดไทยใส่กุ้ง	**phat-thai-sai-gkùng**	gebratene Nudeln mit Shrimps
หมี่กรอบ	**mii-gkroop**	knusprig gebratene Nudeln
บะหมี่หน้าหมู/ผัก	**ba'mii-nàa-múu/-phak**	Eiernudeln m. Schwein/Gemüse
ขนมจีนน้ำยา	**khanóm-djiin-nām-yaa**	Reisnudeln mit würziger Fischsoße
ผัดไทยใส่ไข่	**phat-thai-sai-khai**	gebratene Nudeln nach Thai-Art mit Ei

Fleisch / Fisch

เนื้อ	**nǖüa**	Rind
หมู	**múu**	Schwein
หมูสับ	**múu sap**	gehacktes Schweinefleisch
ไก่	**gkai**	Huhn
เป็ด	**bpet**	Ente
ปลา	**bplaa**	Fisch
ปลาทู	**bplaa-thuu**	Thai-Makrele

bpuu	Krebs	ปู
gkùng	Krabbe	กุง
ho·oi	Muschel	หอย
aaháan thalee	Meeresfrüchte-Gerichte	อาหารทะเล

weitere Gerichte

dtòm-yam gkùng/gkai	scharf-saure Suppe mit Krabben/Huhn	ต้มยำกุ้ง/ไก่
gkääng-djüüt	milde Suppe mit Blatt-gemüse und Fleisch	แกงจืด
gkääng-liang	Thai-Gemüsesuppe (mit getrocknetem Fisch)	แกงเลียง
dtòm-khaa-gkai	Kokosmilchsuppe mit Galangal und Huhn	ต้มข่าไก่
khàao-dtòm	Reissuppe (morgens und spätabends beliebt)	ข้าวต้ม
gkíao-nām	Wantan-Suppe	เกี๊ยวน้ำ
bpəbpīa-thòot	gebratene Frühlingsrollen	เปาะเปี๊ยทอด
phat-phak-ruam-mīt	gemischtes gebratenes Gemüse	ผัดผักรวมมิตร
gkääng	Curries (Gerichte)	แกง
gkääng-gkarii	mildes Curry mit Kartoffeln	แกงกะหรี่
gkääng-phet	scharfes Curry	แกงเผ็ด
yam-bplaa-mük	Tintenfischsalat	ยำปลาหมึก
yam-wūn-sèn	Glasnudelsalat	ยำวุ้นเส้น
yam-khai-dtòm	Salat mit gekochten Eiern	ยำไข่ต้ม
phlàa-gkùng	Krabbensalat	พล่ากุ้ง
làap-gkai/ làap-bpet	Isáan-Salat mit Huhn/ Ente	ลาบไก่/ ลาบเป็ด
sòm-dtam	Salat mit unreifer Papaya und Krabben	ส้มตำ

Süßigkeiten & Nachtisch

รวมมิตร	**ruam-mit** Reismehlteilchen in Kokosmilch mit Eis
กล้วยบวดชี	**gklùuai-buat-chii** Bananen in Kokoscreme
ข้าวหลาม	**khàao-láam** Klebreis mit Kokosmilch, schwarzen Bohnen im Bambusrohr (auf Märkten)
ข้าวเหนียวมะม่วง/ทุเรียน	**khàao-níao-māmùang/-thūrian** Klebreis mit Mango / Durian
ทับทิมกรอบ	**thāpthim gkroop** Granatapfel knusprig
ไอศครีม (กะทิ)	**aisa-khriim (gkati)** (Kokos)Eis

im Restaurant

อาหารเช้า	**aaháan-chāao**	Frühstück
อาหารกลางวัน	**aaháan-gklaang-wan**	Mittagessen
อาหารเย็น/ค่ำ	**aaháan-yen/-khàm**	Abendessen
อาหารไทย	**aaháan thai**	Thai-Küche
อาหารจีน	**aaháan djiin**	chinesische Küche
อาหารฝรั่ง	**aaháan farang**	westliche Küche

thaan-khàao lāäo rúü yang
speisen-Reis schon oder noch
Haben Sie schon gegessen?

thaan lāäo / yang khrāp/khà'
speisen schon / noch HPm/w
Ja, schon. / Nein, noch nicht.

híu khàao	Hunger haben
híu nāam	Durst haben
phoo lǟäo, im lǟäo	schon genug haben, satt sein
(rāp-bpra)thaan aaháan	essen (speisen)
gkin-khàao	essen (weniger höflich)
gkin, düüm	trinken

Die Qualität des Essens ist den meisten Leuten wichtiger als das Äußere eines Lokals. Mancher Essstand, der berühmt für ein bestimmtes Gericht ist, wird auch von Wohlhabenden besucht.

Eine sehr junge Bedienung kann man mit **núu** („Maus") anreden, eine Bedienung, die jünger als man selber ist, redet man mit **nōong** (jüngerer Bruder / jüngere Schwester) an, höflicher ist **khun khrāp/khā'**.

rōt-khén	Essstand, Verkaufskarren
khon-sööp	Bedienung; höflicher ist:
phanāk-ngaan boorigkaan	„Serviceangestellter"

meenuu, raaigkaan-aaháan	Speisekarte	เมนู, รายการอาหาร
djaan	Teller	จาน
chaam	Schüssel	ชาม
chōon	Löffel	ช้อน
sòom	Gabel	ส้อม
mìit	Messer	มีด
dta'gkiap	Essstäbchen	ตะเกียบ
gkǟäo	Glas	แก้ว
thùai	Tasse	ถ้วย
bai-set-(rāp-ngön)	Quittung	ใบเสร็จ (รับเงิน)
sang	bestellen	สั่ง
chöön	einladen (+ bezahlen)	เชิญ

Achtung: Die Salate sind meistens sehr scharf gewürzt!

rāp arai dii khrāp/khā'
empfangen was gut HPm/w
Was wünschen Sie?

dja' sang arai khrāp/khā'
ZUK. bestellen was HPm/w
Was möchten Sie bestellen?

ขอดูเมนูก่อน
kho·o duu meenuu gkoon
bitten-um sehen Menü erst
Ich möchte erst die Speisekarte sehen.

ทานอะไรดี
thaan arai dii
essen was gut
Was empfehlen Sie?

ao ... ... djaan/thìi
nehmen ... (= Gericht) ... (= Anzahl) KW
Ich möchte ... ...-Gerichte.

kho·o ... nooi, sai ...
Ich möchte bitte ..., mit ...

อยากลองดู...
yaak loong duu ...
möchten versuchen sehen ...
Ich möchte ... probieren.

มีผลไม้อะไรบ้าง
mii phón-lamāai arai bàang
haben Obst was einige
Was gibt's an Obst?

ao bia nüng khuat / nām-ma'naao nüng gkằāo
nehmen Bier 1 Flasche / Wasser Zitrone eins Glas
Ich möchte eine Flasche Bier / ein Glas Zitronensaft.

ao iik māi
nehmen noch(zusätzlich) FP
Mögen Sie noch etwas?

mii láai-yaang
es-gibt viel Sorten(Arten)
Wir haben viel Auswahl.

rāp arai iik māi khrāp/khā'
empfangen was noch(zusätzlich) neu HP m/w
Darf es sonst noch etwas sein?

iik ...
noch(zusätzlich)
Noch ...

ao ... gkò-lằāo-gkan	Ich nehme nur ...	เอา...ก็แล้วกัน
khɵ·ɵ ... dii-gkwaa	Ich mag lieber ...	ขอ...ดีกว่า
mài phet	nicht scharf	ไม่เผ็ด
phet nīt-nɵɵi	wenig scharf	เผ็ดนิดหน่อย
djüüt	mild gewürzt	จืด
djat	kräftig gewürzt	จัด

ไม่ชอบเผ็ด
mài chòop phet
nicht mögen scharf
Ich mag es nicht so scharf.

อร่อยดี
arɵɵi dii
schmackhaft gut
Es schmeckt gut.

Wenn nach dem Mahl noch genug übrig ist, lassen es sich die Thai recht gern und ungeniert einpacken. Man sagt dann **sai thúng** (im Beutel).

คิดตังค์ด้วย
khīt (sa)dtaang dùai
denken Kleingeld mit
Zahlen, bitte!

gkep dtaang / ngön dùai
einsammeln Geld / Geld mit
Zahlen! (Essstände, einf. Lokale)

chēk bin
(engl.: *check (the) bill*)
Die Rechnung, bitte! (in guten Lokalen)

Getränke (khrûang-düüm)

น้ำเปล่า น้ำเย็น	**nām-bplaao,** **nām(-yen)**	Glas (Eis-)Wasser
น้ำดื่ม	**nām-düüm**	Trinkwasser
น้ำโซดา	**nām-sōodaa**	Sodawasser
น้ำแร่	**nām-rää**	Mineralwasser (importiert)
น้ำแดง	**nām-dääng**	rotes (Zucker)Wasser
น้ำเขียว	**nām-khíao**	grünes (Zucker)Wasser
น้ำแข็งเปล่า	**nām-khääng-bplaao**	Eis (im Glas)
น้ำส้มคั้น	**nām-sòm(-khān)**	(frisch gepresster) Orangensaft
น้ำมะนาว	**nām-ma'naao**	Zitronensaft (mit Zucker / Salz)

nām-ɵ̀ɵi	Zuckerrohrsaft	น้ำอ้อย
gkoo-gkòo	Kakao	โกโก้
nom (sot)	(frische) Milch	นม
nom-bprìao	saure Milch, Joghurt	นมเปรี้ยว

Achtung: **sai nom** heißt „mit Milch“, **saai nom** dagegen „mit den Brüsten wackeln“!

nām-chaa	dünner Tee	น้ำชา
nām-khɛ̆ɛng sai nām-chaa	chinesischer Eistee	น้ำแข็งใส่น้ำชา
chaa-djiin-rɵ̄ɵn	heißer chinesischer Tee	ชาจีนร้อน
chaa-rɵ̄ɵn	Tee mit Milch, heiß	ชาร้อน
chaa-yen	Tee mit Milch, kalt	ชาเย็น
chaa-dam-rɵ̄ɵn/ chaa-dam-yen	süßer schwarzer Tee, heiß/kalt	ชาดำร้อน/ ชาดำเย็น
gkafää-rɵ̄ɵn/-yen	Kaffee mit Milch, heiß/ kalt	กาแฟร้อน/เย็น
gkafää-dam-rɵ̄ɵn/ -yen	süßer schwarzer Kaffee heiß/kalt	กาแฟดำร้อน/เย็น
ooliang	süßer schwarzer Eiskaffee	โอเลี้ยง
ooyūa	heißer süßer schwarzer Kaffee	โอยัวะ
... mài-sai (nām-dtaan)	... ohne (Zucker)	...ไม่ใส่(น้ำตาล)
lào	alkoholische Getränke	เหล้า
mää-khɵ·ɵng	Thai-„Whisky“ (eher: Rum, wird meistens mit Soda getrunken)	แม่โขง
bia	Bier	เบียร์
mao	betrunken	เมา

Einkaufen

Mit einem Smartphone können Sie sich die mit einem 𝄐 gekennzeichneten Sätze dieses Kapitels anhören.

Wie fast überall in Asien gehört das Handeln zum Einkaufen, was für beide ein angenehmes Spiel sein sollte und keinesfalls ein Kampf. Es sollte Spaß **(sanuk)** machen, und alle Beteiligten sollten sich dabei wohlfühlen **(sabaai-sabaai)**. Thai, die es sich leisten können, handeln oft weniger rigoros als geübte Westeuropäer, weil sie großzügig erscheinen wollen. In Kaufhäusern und Supermärkten gelten jedoch Festpreise.

sǖü arai khrāp/khā'
kaufen was HPm/w
Was wünschen Sie?

rāp arai dii khrāp/khā'
empfangen was gut HPm/w
Was bekommen Sie?

Da beim Einkaufen viele unterschiedliche Kategoriewörter benutzt werden, empfiehlt es sich, noch einmal das Kapitel „Kategoriewörter“ und natürlich auch das Kapitel „Zahlen“ anzusehen.

ขอ/หา...
kho·o / háa ...
bitten-um / suchen ...
Ich möchte / suche ...

นี่อะไรครับ/ค่ะ
nìi arai khrāp/khā'
dies was HPm/w
Was ist dies bitte?

นี่/นั่นเท่าไร
nìi/nàn thàorai
dies/das wieviel
Wie viel kostet das?

ขายยังไง...
kháai yangngai ...
verkaufen wie ...
Wie viel kostet ...?

กี่บาท
gkii-baat
wieviel-Baht
Wie viel Baht?

ขาย...บาทได้ไหม
kháai ... baat dài māi
verkaufen ... Baht können FP
Verkaufen Sie es für ... Baht?

mèet-la’	pro Meter
gkiiloo-la’	pro Kilogramm
dtua-la’	pro Hemd / Kleid etc.
chūt-la’	pro Set / Anzug

„Pro …“ wird durch das Kategoriewort + der Silbe **la’** *ausgedrückt.*

ลดราคาหน่อยได้ไหม
lōt raakhaa nɵɵi dài māi
verringern Preis etwas können FP
Können Sie mit dem Preis etwas heruntergehen?

มีถูกกว่านี้ไหมครับ/คะ
mii thuuk-gkwaa nīi māi khrāp/khā’
haben billig-mehr dies FP HPm/w
Haben Sie etwas Billigeres als dieses?

มีอีกไหม
mii iik māi
haben noch(zusätzlich) FP
Haben Sie noch anderes?

ขอใบเสร็จหน่อยได้ไหม
khɵ·ɵ bai-set (nɵɵi) dài māi
bitten-um Quittung geben (etwas) können FP
Kann ich bitte eine Quittung haben?

ไม่ค่อยมีเงินเท่าไหร่
mài khɵ̀ɵi mii ngön thàorai
nicht kaum haben Geld wieviel
Ich habe nicht so viel Geld.

	Obst (phón-lāmāai)	
สับปะรด	**sap-bpa-rōt**	Ananas
กล้วย	**gklùai**	Banane
ทุเรียน	**thūrian**	Durian (März - Mai)
ทับทิม	**thāpthim**	Granatapfel (Rubin)
ฝรั่ง	**farang**	Guave
ขนุน	**khanún**	Jackfruit
พุทรา	**phūt-saa**	Jujube, grüne Pflaume
มะพร้าว(อ่อน)	**maphrāao(-ɵɵn)**	(junge) Kokosnuss
ลำไย	**lamyai**	Longan (Juli - Oktober)
ลิ้นจี่	**līn-djii**	Lychee (April - Juni)
มะม่วง	**ma'mùang**	Mango (Januar - März)
มังคุด	**mang-khūt**	Mangostin (April - September)
ส้ม	**sòm**	Orange
ส้มโอ	**sòm-oo**	Pomelo
ส้มเขียวหวาน	**sòm-khíao-wáan**	grüne Orange
มะละกอ	**malagkɵɵ**	Papaya
เงาะ	**ngō'**	Rambutan
ชมพู่	**chomphùu**	Rose Apple (April - Juni)
ละมุด	**lamūt**	Sapodilla
มะเฟือง	**ma'füang**	Sternfrucht/ Karambola
มะขาม	**ma'kháam**	Tamarinde
แตงโม	**dtääng-moo**	Wassermelone
องุ่น	**angun**	Weintrauben
น้อยหน่า	**nōɵi-naa**	Zuckerapfel (Juli - September)
สุก	**suk**	reif
ดิบ	**dip**	unreif

จะซื้อถ้าลดลงอีกหน่อย
dja' sṻü thàa lōt long iik nooi
ZUK. kaufen falls verringern heruntergehen noch etwas
Ich nehme es, falls Sie im Preis noch etwas heruntergehen.

คิดว่าแพงมาก/ไป
khīt wàa phääng màak / bpai
denken dass teuer viel / zu
Ich meine, das ist sehr / zu teuer.

ทำไมแพงนักล่ะ
thammai phääng nāk la
weshalb teuer sehr P
Weshalb so teuer?

khunaphàap (dii)	(gute) Qualität
kho·ong	Dinge, Sachen
raakhaa	Preis
phòo-/mǟä-khāa	(Markt-)Händler(in)
lùuk-khāa	Kunde(-in)
khon-kháai-kho·ong	Verkäufer(in)

sṻü – kháai	kaufen – verkaufen
bpai sṻü kho·ong	einkaufen gehen
dtoo(-roong)-rakhaa	handeln
dài	bekommen
lōt	heruntergehen, reduzieren
loong-sai	tragen, anziehen, anprobieren
loong-chim	kosten, probieren

thoot	ausziehen
phääng	teuer
thuuk	billig
tham dùai-müü	handgemacht
tham dùai ...	aus ... (= Material) hergestellt
tham nai bprathèet ...	hergestellt in ... (= Land)

เครื่องศิลปหัตถกรรม	**khrûang-silabpa-hathagkam**	Kunsthandwerk
ผ้าไหม	**phàa-mái**	Seide
ผ้าฝ้าย	**phàa-fàai**	Baumwolle
กางเกงใน	**gkang-gkeeng-nai**	Unterwäsche
กางเกง	**gkang-gkeeng**	Hose
กางเกงขาสั้น	**gkang-gkeeng-kháa-sàn**	Shorts
กระโปรง	**gkra'bproong**	Rock
สโหร่ง	**saroong**	Sarong
กระโปรงชุด	**gkra'bproong-chūt**	Kleid
เสื้อ	**sûa**	Hemd, Bluse
เสื้อยืด	**sûa-yûut**	T-Shirt
ชุดสากล, สูท	**chūt-sáagkon, suut**	Anzug
เข็มขัด	**khémkhat**	Gürtel
เน็คไท	**nēk-thai** (engl.: *neck-tie*)	Krawatte
รองเท้า	**roong-thāao**	Schuhe
ถุงเท้า	**thúng-thāao**	Socken
ชุดว่ายน้ำ	**chūt-wàai-nāam**	Badehose/-anzug
กระเป๋า	**gkrabpáo**	Tasche, Gepäck
ถุง	**thúng**	Beutel, Tüte
กระเป๋าถือ	**gkra'bpáo-thűü**	Handtasche

Zu Gast sein

Thai sind sehr gastfreundlich, und so kann es vorkommen, dass man schon mal in ein Privathaus eingeladen wird, weil man sich unterhalten und gemeinsam essen möchte, vielleicht auch sogar, um zu übernachten.

Thai gehen auch mit Leuten, die sie gerade erst kennen gelernt haben, sehr ungezwungen um, insbesondere dann, wenn es keine dienstlichen Verpflichtungen zu erfüllen gibt.

Mit einem Smartphone können Sie sich die mit einem gekennzeichneten Sätze dieses Kapitels anhören.

wan-suk nàa khun dja' wàang māi
Freitag nächster Sie ZUK. frei FP
Haben Sie nächsten Freitag etwas vor?

คิดว่าว่าง
khīt wàa wàang
denken dass frei
Ich denke, dass ich Zeit habe.

จะพยายาม
dja' phayayaam
ZUK. versuchen
Ich werde es versuchen.

จะขอเชิญมาทานเลี้ยงที่บ้าน
dja' khɵɵ chöön maa thaan-līang thìi bàan
ZUK. bitten-um einladen kommen essen-füttern Ort Haus
Ich möchte dich zum Essen bei mir zu Hause einladen.

Bei Einladungen gibt es keine besonderen Formalitäten zu beachten.

maa hài dàai
kommen lassen können
Kommen Sie auf alle Fälle!

book hài rūu
sagen lassen wissen
Sagen Sie Bescheid!

thoo maa háa
Telefon kommen suchen
Rufen Sie an!

Vor Betreten eines Hauses zieht man sich die Schuhe aus. Älteren Familienmitgliedern, vor allem Eltern und Großeltern zollt man besonderen Respekt. Buddhisten verbeugen sich vor dem Hausaltar und zünden ggf. Räucherstäbchen an. Das wird von Europäern natürlich nicht erwartet.

yin-dii dtòon-rāp
froh willkommen-heißen
Herzlich willkommen!

Gäste bringen bei ungezwungenen Einladungen auch Essen mit. Geschenke sind nur bei besonderen Anlässen üblich (z. B. Hochzeitsfeiern etc.).

Auf dem Land wird zu den Mahlzeiten der Tisch gedeckt, und dann heißt es:

gkin-khàao dùai-gkan
essen-Reis mit-zusammen
Lasst uns gemeinsam essen.

ขอบคุณที่เลี้ยงอาหาร
khoop-khun thìi lĩang aaháan
danke-Sie dass einladen Essen
Danke für die Einladung zum Essen.

kho·o hài döön-thaang dooi sawat-dii-phàap
bitten-um lassen reisen durch Wohlergehen/ Sicherheit
Ich wünsche eine angenehme und sichere Reise!

Zum Abschied sagt man einfach „danke“:

ขอบคุณ(มาก)ครับ/ค่ะ
khoop-khun (màak) khrāp/khà’

djào-kho·ong-bàan	Hausherr(in)
khäak	Gast
djào-phàap	Gastgeber
chöön	einladen (+ bezahlen)
ook (ngön) *herausgehen Geld*	einen ausgeben
yìam	besuchen
djöö	sich zufällig treffen
wā̄’	kurz hereinkommen, vorbeischauen
nāt	Verabredung
thaan(-khàao)	essen (höflicher als: **gkin-khàao)**
khui-gkan	miteinander plaudern
oogkaat	Gelegenheit, Anlass
chalóng	feiern
wan-gkööt	Geburtstag
wan-khrōp-ròop-dtääng-ngaan	Hochzeitstag
ngaan	Fest, Zeremonie, Sache, Arbeit
ngaan-chalóng	Fest, Feier
ngaan-sop	Trauerfeier
ngaan-dtääng-ngaan	Hochzeitsfeier
kho·ong-khwán	Geschenk
dtòon-rāp	willkommen heißen

Bank & Post

Auf Bank und Post wird grundsätzlich Englisch verstanden. Dennoch hier ein paar nützliche Wörter, die man sicherlich auch beim Einkaufen anwenden kann.

แลกเปลี่ยนเงินได้ที่ไหนครับ/คะ
lȁäk-bpli̱an ngön dài thìi-nái khrāp/khā’
austauschen-wechseln Geld können Ort-welcher HPm/w
Wo kann ich Geld wechseln?

ขอขึ้นเงินเช็คเดินทางหน่อยครับ/ค่ะ
khɵ·ɵ khȕn ngön chēk döön-thaang nɵ̱ɵi khrāp/khà’
bitten-um steigen Geld Scheck Reise etwas HPm/w
Ich möchte einen Travellerscheck einlösen.

Bank

thanaakhaan	Bank
ngön, dtaang	Geld
ngön so̱t *Geld frisch*	Bargeld
thanaabat	Banknote
bǟng yɵ̀ɵi	kleine Geldscheine
rían	Münze
sadtaang	Satang
sa̱lűng	25 Satang
bai	KW für Geldscheine
bai-la...	...schein

chēk (döön-thaang)	(Reise)Scheck
ngön bpliik	Wechselgeld
lầäk(-bplian) ngön	Geld wechseln
thoon	herausgeben, abheben
rāp	akzeptieren
frang sawīt	Schweizer Franken
yuuro	Euro

Post

(thìi tham-gkaan) bpraisanii	Postamt
sadtäm (engl.: *stamp*)	Briefmarke
djot-máai (aagkaat)	(Luftpost)Brief
bpraisanii-bat	Postkarte
phātsadu-kho·ong	Päckchen
hoo-kho·ong	Paket
thoorā-lèek	Telegramm
thoorā-sap	Telefon; telefonieren
böö-thoorā-sap	Telefonnummer
song	schicken, senden
song fäk *schicken Fax*	Fax schicken
duan-màak *eilt-sehr*	Express, Eilbrief
bai-set	Quittung, Rechnung
bpragkan	Versicherung
phään	KW f. Brief
duang	KW f. Briefmarke

böö *(Nummer) ist abgeleitet von* **namböö** *(engl. number). Beim Buchstabieren von Telefonnummern sagt man häufig anstelle von* **so·ong** *(zwei) auch* **thoo** *(engl. two), um eine Verwechslung mit* **súun** *(Null) auszuschließen.*

Behörden

Da, wo Thai-Behörden regelmäßig Kontakt mit Ausländern haben, wird sicher Englisch verstanden. Aber auf einem Polizeirevier in der Provinz oder bei einer anderen Behörde ist das nicht zu erwarten.

กระทรวง	**gkrasuang**	Ministerium
กรม	**gkrom**	Abteilung
กอง/แผนก	**gkoong / phanääk**	Unterabteilung
องคการ	**ong-gkaan**	Behörde
กรมศุลกากร	**gkrom súlā-gkagkoon**	Zoll-Behörde
กรมตรวจคนเขาเมือง	**gkoong-dtruat-khon-khào-müang** *Abteilung-untersuchen-Mensch-betreten Land*	Einwanderungs-behörde
(สถาน)กงสุล	**(satháan) gkongsun**	Konsulat
สถานทูต	**satháan-thùut**	Botschaft
ทานทูต	**thàn-thùut**	Botschafter
(สถานี)ตำรวจ	**(satháanii) dtamruat**	Polizei(wache)
จังหวัด, อำเภอ	**djangwat; amphöö**	Provinz; Kreis
ตำบล, หมูบาน	**dtambon; muu-bàan**	Gemeinde; Dorf
ผูวาราชการ	**phùu-wàa-ràachagkaan**	Gouverneur
นายอำเภอ	**naai-amphöö**	Kreisvorsteher
กำนัน	**gkamnan**	Gemeindechef
ผู้ใหญบาน	**phùu-yai-bàan**	Dorfchef
ลง/เซ็นชื่อ	**long/sen chüü** *unterschreiben Name*	unterschreiben
บัตรประจำตัว	**bat-bpradjam-dtua**	Personalausweis
วีซา	**wiisàa**	Visum

ผม/ดิฉันชื่อ...

phóm/di-chān chûü ...

ich(m/w) Name ...

Mein Name ist ...

ผม/ดิฉันถูกโขมย

phóm/di-chān thuuk khamooi

ich(m/w) wurde(Passiv) bestehlen

Man hat mich bestohlen.

มาจากเยอรมนี/ออสเตรีย/สวิสเซอร์แลนด์/เนเธอร์แลนด์

maa-djaak yööramanii / ōosdtria / sawītsöölään / needtöölään

kommen-her Deutschland / Österreich / Schweiz / Niederlande

Ich komme aus Deutschland/Österreich/der Schweiz/Niederlande.

หนังสือเดินทางของผม/ดิฉันหาย

nangsṹü-döön-thaang kho·ong phóm/di-chān háai

Pass mein ich(m/w) verlieren

Ich habe meinen Pass verloren.

ช่วยติดต่อหน่อยครับ/ค่ะ

chùai dtit-dtoo ... nooi khrāp/khà'

helfen Kontakt-machen ... etwas HPm/w

Bitte benachrichtigen Sie ...

satháan-thùut ...	... Botschaft	สถานทูต...
... yööraman	deutsche ...	...เยอรมัน
... ōosdtria	österreichische ...	...ออสเตรีย
... sawītsöölään	schweizer ...	...สวิสเซอร์แลนด์
... needtöölään	niederländische ...	...เนเธอร์แลนด์

Krank sein

In den größeren Städten, vor allem in Bangkok, ist die ärztliche Versorgung sehr gut. Es gibt ausgezeichnete private Krankenhäuser mit hervorragendem Service, daneben überall **Clinics** (engl. Arztpraxen). Wenn Hinweise auf Englisch angebracht sind, ist man dort sicher auch auf Ausländer eingerichtet. Einige davon sind – nicht verwunderlich – auf **S.T.D.** (engl. *sexually transmitted diseases*) und **V.D.** (engl. *veneral diseases*), also Geschlechtskrankheiten, spezialisiert. Die vielen **V.D.O.**-Läden sind jedoch nichts anderes als Video-Clubs. Staatliche Krankenhäuser leisten (bei Zahlungsunfähigkeit) notfalls kostenlose Hilfe. Im Übrigen zahlen Patienten nach der Behandlung in bar, bekommen dafür dann aber auch gleich die Medikamente mitgeliefert.

In Thailand sind viele der zigtausend buddhistischen Kloster immer noch Zentren des Heilens. Die Mönche stellen Tinkturen, Salben und Pillen auf Kräuterbasis her. In manchen Klostern, wie im Wat Po in Bangkok, können auch Ausländer die Grundlagen der Thai-Massage erlernen.

Unfallzeugen lassen sich nicht leicht finden, da sie nicht als „Ersatz"-Schuldige festgenommen werden wollen.

Unfallopfer werden in Thailand wie in benachbarten Ländern nicht selten erst einmal ausgeplündert, bevor man ihnen eventuell erste Hilfe leistet. Unfallverursacher begehen grundsätzlich Fahrerflucht – soweit es ihnen möglich ist.

ผม/ฉันไม่สบาย
phóm/chān mài sabaai
ich(m/w) nicht wohl
Ich bin krank.

ผม/ฉันต้องการไปหาหมอ
phóm/chān dtòng-gkaan bpai háa mo·o
ich(m/w) brauchen gehen suchen Doktor
Ich muss zum Arzt gehen.

หมอเก่งๆ/โรงพยาบาลดีๆอยู่ที่ไหน
mo·o gkeng-gkeng / roong-phayaabaan dii-dii yuu thìi-nái
Arzt geschickt-geschickt / Krankenhaus gut-gut sich-befinden Ort-welcher
Wo gibt es einen guten Arzt / ein gutes Krankenhaus?

Krankenwagen in Bangkok haben zwar auch Blaulicht, aber niemand macht ihnen Platz. So stecken sie genauso hilflos wie andere im Stau.

rāan-kháai-yaa	Apotheke, Drogerie	ร้านขายยา
khliinik	(Arzt)Praxis	คลีนิค
satháanii aanaamai	Gesundheitszentrum	สถานีอนามัย
roong-phayaabaan	Krankenhaus	โรงพยาบาล
rōt-phayaabaan	Krankenwagen, Ambulanz	รถพยาบาล
khon-khài, phùu-bpuai	Patient(in)	คนไข้, ผู้ป่วย
mo·o(-yíng), phâät(-yíng)	Arzt (Ärztin)	หมอ(หญิง), แพทย์หญิง
mo·o-fan	Zahnarzt	หมอฟัน
mo·o-chaao-bàan	„Barfußarzt“	หมอชาวบ้าน
naang-phayaabaan	Krankenschwester	นางพยาบาล
dtruat	untersuchen	ตรวจ
rāksáa	heilen, behandeln	รักษา

แก้	**gkȁä**	heilen
พยาบาล	**phayaabaan**	pflegen
ผ้าพันแผล	**phàa-phan-phlấä**	Verband
ยา	**yaa**	Medikamente, Drogen
ยาน้ำ	**yaa-nāam**	Arznei, Medizin
ยาเม็ด	**yaa-mēt**	Pillen, Tabletten
ยาทา	**yaa-thaa**	Salbe
ยาพิษ	**yaa-phīt**	Gift
ยาแก้...	**yaa gkȁä ...**	Medikament gegen ...
ใช้ยา	**chāi yaa**	Medikamente einnehmen
ยานอนหลับ	**yaa-nɵɵn-lap**	Schlafmittel
ยาแก้ปวด	**yaa-gkȁä bpuat**	Schmerzmittel
ใบสั่งยา	**bai-sang-yaa**	Rezept
วิธีใช้	**wīthii-chāi**	Gebrauchsanweisung

bpen arai	**phóm/chān bpuat ...**
sein was	*ich(m/w) Schmerzen-haben ...*
Was ist los?	Mir tut ... weh.

แขน	**khấän**	Arm
ตา	**dtaa**	Auge
ขา	**kháa**	Bein
อก	**ɵɵk**	Brust(korb)
เต้านม	**dtào-nom**	Brüste
ไส้	**sài**	Darm
นิ้วมือ	**nīu-müü**	Finger
เท้า	**thāao**	Fuß
ข้อต่อ	**khɵ̀ɵ-dtɵɵ**	Gelenk
อวัยวะสืบพันธุ์	**awai-yawā'-süüp-phan**	Genitalien
คอ	**khɵɵ**	Hals
มือ	**müü**	Hand
ผิว	**phíu**	Haut

húa-djai	Herz	หัวใจ
khao	Knie	เข่า
gkraduuk	Knochen	กระดูก
húa, siisa'	Kopf	หัว/ศีรษะ
ràang-gkai	Körper	ร่างกาย
dtap	Leber	ตับ
bpoot	Lunge	ปอด
gkra-phō'; thōong	Magen; Bauch	กระเพาะ, ท้อง
bpaak	Mund	ปาก
gklàam-nǖüa	Muskel	กล้ามเนื้อ
djamuuk	Nase	จมูก
bprasaat	Nerv	ประสาท
húu	Ohr	หู
láng	Rücken	หลัง
lai	Schulter	ไหล่
fan	Zahn	ฟัน
nīu-thāao	Zeh	นิ้วเท้า
līn	Zunge	ลิ้น

bpen wat	erkältet sein	เป็นหวัด
bpen khài	Fieber haben	เป็นไข้
bpen lom	ohnmächtig sein	เป็นลม
bpuat, djep	Schmerzen haben	ปวด, เจ็บ
aadjian	sich übergeben	อาเจียน
baat-djep	verletzt (sein)	บาดเจ็บ
nüai	müde (körperlich)	เหนื่อย
phlia	schwach, matt	เพลีย
wian-húa	schwindelig	เวียนหัว
mii-thōong	schwanger	มีท้อง
phǟä	allergisch	แพ้
dtit-yaa-sep-dtit	drogenabhängig	ติดยาเสพติด
phǟä-aagkaat	Klima nicht vertragen	แพ้อากาศ
thaai bpen lǖüat	Blut **(lǖüat)** im Stuhl	ถ่ายเป็นเลือด

โรคเอดส์	**ròok-eet**	Aids
โรคหืด	**ròok-hüt**	Asthma
ทองอืด	**thôong-üüt**	Blähungen
อหิวาต์	**ahiwaa**	Cholera
ไข้เลือดออก	**khài-lûuat oogk**	Dengue-Fieber
โรคเบาหวาน	**ròok-bao-wáan**	Diabetes
ทองเสีย/เดิน	**thôong sía / döön**	Durchfall
อักเสบ	**akseep**	Entzündung
กามโรค	**gkaama-ròok**	Geschlechtskrankheit
โรคหนองใน	**ròok-no·ong-nai**	Gonorrhoe, Tripper
ไขหวัดใหญ่	**khài-wat-yai**	Grippe
หมากัด	**máa-gkat**	Hundebiss
ไอ	**ai**	Husten
กระดูกหัก	**gkraduuk-hak**	Knochenbruch
ตระคิว	**dtakhriu**	Krampf
โรคปอดอักเสบ	**ròok-bpoot-akseep**	Lungenentzündung
มาลาเรีย	**maalaaria**	Malaria
ยุงกัด	**yung-gkat**	Moskitostich
โรคบิด	**ròok-bit**	Ruhr
งูกัด	**nguu-gkat**	Schlangenbiss
โรคกลัวน้ำ	**ròok-gklua-nāam**	Tollwut
แผลไหม	**phlǟä-mài**	Verbrennung
หนอน	**no·on**	Würmer

ช่วยฉีดยาให้ผม/ฉันที
chùai chiit yaa hài phóm/chān thii
bitte spritzen Medizin geben ich(m/w) etwas
Bitte geben Sie mir eine Spritze.

ผม/ฉันมีเข็มปลอดเชื้อมาด้วย
phóm/chān mii khém bploot chüa maa dùai
ich(m/w) haben Spitze ohne Bakterien kommen mit
Ich habe eine sterile Spritze dabei.

Toilette & Hygiene

Thai waschen sich mehrmals pro Tag, wenn es die Umstände erlauben. Der Sinn für Ästhetik und Schönheit ist bei den Thai sehr ausgeprägt. Europäer in heruntergerissenen Klamotten können in ihren Augen niemals Achtung finden, vor allem in einer so statusbewussten Gesellschaft wie der thailändischen.

Die Toiletten sind meistens „Hock-Toiletten". Es gibt keine automatische Wasserspülung. Ebenso gibt es auf dem Land in der Regel auch kein fließend Wasser zum Baden oder Duschen. Wenn man sich waschen will, seift man sich zunächst ein und schöpft dann das Wasser mit einer Wasserkelle aus dem Wasserbecken. Mit einem umgebundenen Sarong kann man sich sogar in der Öffentlichkeit waschen.

จะไปเบาที่ไหน
dja' bpai bao thìi-nai
ZUK. gehen leicht Ort-welcher
Wo kann ich austreten?

ถ่ายเบา	ถ่ายหนัก
thaai-bao	**thaai-nak**
Geschäft-leicht	*Geschäft-schwer*
„klein"	„groß"

ห้องน้ำ	**hòong-nāam**	Bad, Toilette (höfl.)
สุขา,ห้องส้วม	**sukháa, hòong-sùam**	Toilette
หญิง	**yíng**	Frauen
ชาย	**chaai**	Männer
อาบน้ำ	**aap-nāam**	sich waschen/baden
ผ้าเช็ดตัว	**phàa-chēt-dtua**	Handtuch
ผ้าอนามัย	**phàa-anaamai**	Damenbinden
ถุงยาง (อนามัย)	**thúng-yaang(-anaamai)**	Kondom
ถูกอนามัย	**thuuk-anaamai**	hygienisch
สะอาด	**sa'aat**	sauber
สกปรก	**sogkabprok**	schmutzig
สบู่	**sabuu**	Seife
แชมพู	**chämphuu**	Shampoo
แปรงสีฟัน	**bprääng-síi-fan**	Zahnbürste
ยาสีฟัน	**yaa-síi-fan**	Zahnpasta
ใบมีดโกน	**bai-mìit-gkoon**	Rasierklingen
กระดาษชำระ	**gkradaat-chamrā'**	Toilettenpapier
กระดาษทิสชู	**gkradaat-thītchuu**	Toilettenpapier

Fotografieren

Thai sind meiner Erfahrung nach fast noch „fotografierwütiger“ als Japaner. Wenn man sie fragt, ob man jemanden fotografieren darf, hat fast nie einer etwas dagegen. Bei den Moslems im Süden ist jedoch, vor allem gegenüber Frauen, mehr Zurückhaltung angebracht.

Thai knipsen fast ausschließlich Erinnerungsbilder von sich selbst, schöne Szenen bilden stets nur den Hintergrund für Gruppenfotos.

ขอถ่ายรูปคุณได้ไหมครับ/คะ
kho·o thaai-rùup khun dài māi khrāp/khā'
bitten-um fotografieren Sie können FP HPm/w
Darf ich bitte ein Foto von Ihnen machen?

คอยสักครู่ จะถ่ายรูปอีกครั้ง
khooi sāk-khrùu dja' thaai-rùup iik khrāng
warten etwas ZUK. fotografieren noch Mal
Warten Sie, ich mache noch ein Foto.

ขอบคุณ แล้วจะส่งรูปมาให้
khoop-khun lääo dja' song rùup maa hài
danke-Sie dann ZUK. schicken Bild kommen geben
Danke, ich werde Ihnen die Bilder schicken.

ขอชื่อและที่อยู่ของคุณได้ไหม
kho·o chüü lā' thìi-yuu kho·ong khun dài māi
bitten-um Name und Ort-sich-befinden von Sie können FP
Können Sie mir bitte Ihren Namen und Adresse geben?

thaai-rùup	fotografieren
gklòong-thaai-rùup *Apparat-fotografieren*	Fotoapparat
lāang rùup	Film entwickeln
at rùup	Abzüge machen
mūan (film)	Filmrolle
rùup, phàap	Bild, Foto
hàam thaai-rùup *verboten fotografieren*	Fotografieren verboten!
thìi-yuu *Ort-sich-befinden*	Adresse

Dringende Hilferufe

Mit einem Smartphone können Sie sich die mit einem gekennzeichneten Sätze dieses Kapitels anhören.

Wenn etwas passiert ist, hat man es oft schwer, sich verständlich zu machen. Die folgenden Sätze sollen Ihnen helfen, schnell Hilfe zu holen.

ผม/ฉันได้รับอุบัติเหตุ
phóm/chān dài rāp ubat-dtiheet
Ich hatte einen Unfall.

โปรดเรียกรถพยาบาลมาที
bproot rìak rōt-phayaabaan maa thii
Bitte rufen Sie einen Krankenwagen.

(ผม/ฉัน) ถูกงู/หมากัด
(phóm/chān) thuuk nguu / máa gkat
Mich hat eine Schlange / ein Hund gebissen.

ช่วยด้วย (เร็วๆ)
chùai-dùai (reo-reo)
Helfen Sie mir bitte (schnell).

ช่วยเรียกหมอ/ตำรวจมาที
chùai riiak mɵ·ɵ / dtamruat maa thii
Bitte holen Sie einen Arzt / die Polizei.

กรุณาพาผม/ฉันไปหาหมอ/ตำรวจที
gkarūnaa phaa phóm/chān bpai háa mo·o / dtamruat thii
Bitte bringen Sie mich zum Arzt / zur Polizei.

ไปหาหมอ/โรงแรม/หมู่บ้านข้างหน้าไปอย่างไร
bpai háa mo·o / roong-rääm / muu-bàan khàng-nàa bpai yangngai
Wie komme ich zum Arzt / Hotel / nächsten Ort (Dorf)?

Orts- & Inselnamen

อยุธยา	**ayuthayaa**	Ayuthaya
กรุงเทพฯ	**gkrung-thèep**	Bangkok
จันทบุรี	**djantaburii**	Chantabuuri
เชียงใหม่	**chiang-mai**	Chiang Mai
เชียงราย	**chiang-raai**	Chiang Rai
ชลบุรี	**chonburi**	Chonburi
หาดใหญ่	**haat yai**	Hat Yai
หัวหิน	**húa-hín**	Hua Hin
กาญจนบุรี	**gkaandjanaburii**	Kanchanaburi
ขอนแก่น	**khɵ·ɵn-gkään**	Khon Kaen
เกาะพงัน	**gkɵ'pha'ngan**	Koh Phangan
เกาะสมุย	**gkɵ' samúi**	Koh Samui
กระบี่	**gkra'bii**	Krabi
ลำปาง	**lambpaang**	Lampang
ลำพูน	**lamphuun**	Lamphun
แม่สอด	**mää-sɵɵt**	Mae Sot
นครปฐม	**nakhɵɵn bpathom**	Nakhon Pathom
พัทยา	**phathayaa**	Pattaya
เพชรบุรี	**pheetburii**	Petchaburi
พิษณุโลก	**phītsanulòok**	Phitsanulok
ภูเก็ต	**phuugket**	Phuket
ระยอง	**ra'yɵɵng**	Rayong
สงขลา	**sóngkhláa**	Songkhla
สุโขทัย	**sukhóothai**	Sukhothai
สุราษฎร์ธานี	**suràat-thani**	Surat Tani
สุรินทร์	**surin**	Surin
ตราด	**dtraat**	Trat
อุบลราชธานี	**ubon raachathaanii**	Ubon Ratchatani
อุดรธานี	**udɵnthaanii**	Udon Thani

Literaturhinweise

Der meines Erachtens inhaltlich beste Sprachführer ist :

Patcharee Kaspar-Sickermann:
Thai zum Selbststudium – Eine solide Brücke zu Sprache und Schrift,
ISBN 978-3-924468-30-9, € 158,00, mit 10 CD-Rom, Japaninfo Verlag, Bismarckring 40, D-98077 Ulm, Tel: 0731-68093 / Fax: 0731-68095

Wer ernsthaft in die Sprache einsteigen will, hat mit diesem Kurs die wohl beste deutschsprachige Grundlage, lediglich Aufmachung und Kassette als Medium könnten attraktiver und moderner sein; aber das schmälert nicht wirklich das Potential des Kurses.

Nähere Informationen über Thai-Sprachkurse erteilt aber die Deutsch-Thailändische Gesellschaft e. V. Bonn.

Die hier genannten Bücher und Schriften sind nicht über den Reise Know-How Verlag erhältlich.

Schulen in Bangkok

Die **AUA** in der Rajdamri, die **Union Language School** in der Surawong, aber auch die **Nisa Thai Language School** in 27, Sathorn Tai haben einen guten Ruf.

Weitere Titel für die Region von REISE KNOW-HOW

Thailand Handbuch

Tom Vater, Rainer Krack

978-3-8317-2322-5

924 Seiten

24,90 Euro [D]

KulturSchock Thailand

Rainer Krack

978-3-8317-1633-3

264 Seiten

14,90 Euro [D]

Insel Phuket

Rainer Krack

978-3-8317-2361-4

408 Seiten

17,50 Euro [D]

www.reise-know-how.de

Burmesisch – Wort für Wort

Phone Myint

978-3-89416-539-0

192 Seiten | Band 63 | **7,90 Euro**

Khmer – Wort für Wort

Claudia Götze-Sam, Samnang Sam

978-3-89416-881-0

160 Seiten | Band 62 | **7,90 Euro**

Laotisch – Wort für Wort

Klaus Werner

978-3-89416-250-4

176 Seiten | Band 60 | **7,90 Euro**

Vietnamesisch – Wort für Wort

Monika Heyder

978-3-8317-6450-1

160 Seiten | Band 61 | **9,90 Euro**

Jeder Band mit Aussprachehilfen und wichtigen Redewendungen
Wörterlisten: Jeweilige Landssprache – Deutsch, Deutsch – Jeweilige Landssprache

Wörterliste Deutsch – Thai

Diese Wörterlisten enthalten einen Grundwortschatz von ca. 1000 Wörtern, mit denen man schon eine ganze Menge anfangen kann. Wörter, die man in den einzelnen Kapiteln nachschlagen kann, sind hier nicht immer aufgeführt.

A

abbiegen lĩao
Abendessen aaháan-yen
abends (dtoon-)khàm
aber dtää
abholen maa rāp
ablehnen rang-gkiat
absteigen long
abstellen (ao ...) wāi, waang
Achtung! rawang
akzeptieren rāp, yoom(-rāp)
alkohol. Getränke lào
alle(s) thāng-mot
allein (Mensch) khon-diao
allergisch phãä
alles (jede Art/Sorte) thūk-yaang
als (Vergl.) bpenĩ
(zeitl.) mũa
alt (Menschen) gkääĩ
(Sachen) gkao
Alter aayū
andermal, ein wan-láng
anfangen rõõm, dtàng-dtòn
angeln dtok-bplaa
Angestellte(r) djào-naathii
anhalten yut
annehmen (dài-)rāp
anrufen thoo-háa/maa
anschließend set-lãäo
Antwort kham-dtoop
antworten dtoop
anziehen (Kleidung) dtääng-dtua, sai
Anzug suut
Arbeit ngaan
Arbeiter(in) khon-ngaan
Arbeitsplatz thìi-tham-ngaan
ärgerlich sein moohóo
ärgern, sich gkroot
arm djon
Art (Sorte) yaang
Arzt phäät
Arztpraxis khliinik
atmen háai-djai
auch dùai, gkò (... mũan-gkan)
auf khàng-bon
aufbewahren waang/faak ... wāi
aufgeregt djai-rōon
aufhören lõõk
aufregen, sich moohóo
aufschreiben djot
aufstehen noon-lūk(-khũn)
aufsteigen khũn

aufwachen (noon-)dtüün
aufwecken bpluk
Auge dtaa
aus (Richtung) thaang, djaak
außen/draußen khàng-nòok
außer nòok-djaak
äußerst bpen-yaang-yìng
Ausgang, -fahrt thaang-ook
Ausland müüang-nòok
Ausländer chaao-dtaang-bprathèet
ausprobieren loong
ausruhen phāk-phoon
ausziehen (Kleidung) thoot
Auto rōt
Auto fahren khap-rōt

B

backen op
Bad hòong-nāam/-sùam
Badeanzug, -hose chūt-aap-nāam
baden aap-nāam
Bahnhof satháanii-rōt-fai
Bahnsteig chaan-chalaa
bald nai-mài-chāa, nai reo-reo nīi
Banane gklùuai
Bank thanaakhaan
Banknote thānābat
Bargeld ngön-sot
Bart khrao
Bauch thōong
Bauer chaao-rai, chaao-naa
Baum dtòn-māi
Beamte(r) khàa-ràatchagkaan
bedeuten máai-khwaam-wàa, bplää
Bedienung khon-sööp
beeilen, sich rìip
beenden setī (**Studium**) djop
befinden, sich yuu
begleiten phaa
Behälter dtùu
Behandlung (ärztl.) rāksáa
Behörde ong-gkaan
bei (örtl.) nā, thìi
heißen gkat
Beispiel, zum chèn ... (bpen dton)
bekommen dài
benutzen chāi
Benzin nām-man thamadaa
Berg phuu-kháo
Bergstämme chaao-kháo
beschäftigt sein yùng
Bescheid wissen rūu-rùang
besetzt dtem
besitzen kho·ong, mii
Besitzer(in) djào-kho·ong
besonders phīseet
besorgt rōon-djai
besteigen (Berg) bpiin
bestellen sang
bestrafen (long-)thòot
besuchen yìam
betrunken mao
Beutel thúng
bewundern chom
Bier bia
Bild rùup
billig thuuk
bis (örtl.) (djon-)thūng, djon
bisschen nītnooi
bitten (anbieten) chöön; **(auffordern)** bproot, gkarūnaa; **(um etwas)** faak, kho·o; **(um Hilfe)** chùai, thö'
bleiben phāk
Bleistift dinso·o
Bluse sùa
Blut lùüat
Boot rüüa

Botschaft (Gebäude) sathán-thùut
Botschafter(in) thàn-thùut
brauchen dtòng-gkaan
brechen hak
Brechreiz haben khlûün-sài
breit gkwaang
brennen (ver-) mài
Brief djotmáai
Brille wä'än-dtaa
bringen phaa
Brot khanóm-bpang
Brücke saphaan
Bruder (älterer); phìi-chaai **(jüngerer)** nōong-chaai
Brust(korb) ok
Brüste (weibl.) dtào-nom
Buch nangsǘü
Bundesstaat/-land rāt
Burma phāmàa
Büro ōpfīt, thìi tham ngaan
Bus rōt-mee
Bushaltestelle bpàai-rōt-mee
Buslinie sáai
Butter nööi

C

charmant mii sanee
Chauffeur khon-khap-rōt
China (müang-)djiin
chinesisch djiin
Christ(in) khrīstian, khrīt
Curry gkääng

D

danach thii-láng, set-lääo
danke khoop-khun/-djai
dann gkò
das da nàn
Datum wan-thìi
denken khīt, nük
Denkmal anusáawārii
deutlich chāt
deutsch yööraman
Deutsche(r) khon-yööraman
Deutschland (bprathèet-) yööramani
dick (Mensch) ùan; **(Sachen)** náa
Dieb khamooi
dies nìi
diese(r, -s) nīi
doch (AP) si
Doktor (Arzt) mo·o
Dokument eegkasáan
Dorf muu-bàan
Dorfbewohner chaao-bàan
dort thìi-nàn; **d. hinten** thìi-nòon
Drogen(-Sucht) yaa(-sep-dtit)
drucken phim
Dschungel bpaa
duften(d) ho·om
dunkel mǘüt
dünn (Mensch) pho·om
durchführen (vollst.) dtaloot
durchwegs thāng-nān
dürfen, nicht dtòng mài
durstig híu-naam, gkra'háai-nāam

E

ebenso (messbare Größen) thào-gkap
egoistisch djai-khä'äp
Ehefrau (höfl.) phan(ra)ya; **(zwanglos)** mia
Ehemann (höfl.) sáamii; **(zwanglos)** phúa
Ei khai
Eiernudeln ba'mii
einfach ngàai

einfüllen dtööm
Eingang, -fahrt thaang-khào
einige so·ong-sáam
einladen chöön
eintreffen (rechtzeit.) than
einverstanden sein hén-dùai
einverstanden! dtok-long
Eis nām-khǟäng (-bplaao)
Eltern phòo-mä'ä; **(höfl.)** bidaa-maandaa
empfangen rāp
empfehlen nä'nam
eng khāp
entfernen (endgültig) sía
entlang (folgend) dtaam(-thii)
entmutigt djai-sía
Entschuldigung kho·o-thòot
entstehen gkööt
Entzündung akseep
erinnern, sich djam
erkältet sein bpen wat
erklären athibaai
Erklärung kham-athibaai
erlauben yoom
Erlaubnis anūyàat
erledigen (etw.) thùa, set
erreichen thǖng
erschöpft oon-djai
erziehen süksáa
essen gkin-khàao, thaan
Essen gkap-khàao; **(Mahlzeit)** aaháan
Esslokal hòong-aaháan
Essstäbchen dta'gkiap
etwas nīt-nooi
Exzellenz (Anrede) thàn

F

Fächer phāt
fähig zu sàamàat(-dja)
Fähre rüā-khàam-fàak
fahren bpai
Fahrkarte dtúa
Fahrpreis khàa-dooisáan
Fahrrad djagkrayaan
Fahrrad-Rikscha rōt-sáam-lōo
fallen dtok
falls thàa (haak wàa)
falsch phit
Familie khròopkhrua
fangen djap
Farbe síi
fast gküap(-dja')
fasziniert djap-djai
faul khìi-gkiat
Feld sanáam
Fels hín
Fernsehen (TV) thiiwii
fertig set(-lǟäo)
Fest ngaan
Fett nām-man
feucht bpiak
Fieber haben bpen khài
Film (Kino) náng
Firma boorisat
Fisch bplaa
fischen háa-bplaa
Fischer chaao-bpramong
Flasche khuat
fleißig khayán
fliegen bin
fließend khlòong
Floß phää
Flugplatz sanáam-bin
Flugzeug khrǖang-bin
Fluss mä'ä-nām
Foto rùup
fotografieren thaai-rùup
Frage kham-tháam
fragen tháam
fragen, sich nük
Frau phùu-yíng
frei (nicht besetzt) wàang
Freizeit weelaa wàang
Freude khwaam-yin-dii
Freund phǖan

freundlich djai-dii
froh dii-djai, yin-dii
Früchte phón-lamāai
früher mùa-gkoon-nīi
frühmorgens chāao-mùut
frühnachmittag baai
Frühstück aaháan-chāao
führen nam-thaang/-thìao
Führer (Reise-) khon-nam-thaang
Führerschein bai-khap-khii
für hài, sámrap, phùa
fürchten, sich dtok-djai
furchterregend nàa-gklua
Fuß thāao
Fußweg thaang-thāao
füttern līang

G

Gabel sòom
Garten súan
Gast khääk
gebären khlòot
Gebäude (großes) roong
geben hài
geboren werden gkööt
Geburtstag wan-gkööt
gefährlich andtaraai
gegenüber dtrong-khàam
gegenwärtig bpatdjuban-nīi
gehen bpai;
(zu Fuß) döön
gelassen (sein) djai-yen
Geld ngön;
(Satang) sadtaang
Gelegenheit oogkaat
Gemeinde dtambon
Gemüse djee, phak
genauso gkò ... mūan-/diao-gkan, mūan-gkap
genug phoo
Gepäck gkra'bpáo
gerade gkamlang;
(vorbei) phòng
geradeaus dtrong
Gerät khrùüang
Geschäft (Business) thūrāgkit;
(Laden) rāan
Geschichte (Thema) rùang
geschickt gkeng
geschieden yaa (maa)
geschlossen bpit
Geschwister phìi-nōong
Gesicht nàa
gesund sabaai
Getränk khrùang-düüm
Gewicht nām-nak
gibt: es g. mii
Gift yaa-phīt
giftig mii phīt
Glas gkä'äo
glauben nük;
gl. an nāp-thǖü
Glück khwaam-suk
glücklich suk
Gold thoong
Gramm gkram
grausam djai-dam
Grenze chaai-dään
grillen yàang
groß yai
Größe khanaat
Gruppe khānā', phùak
Gürtel khémkhat
gut dii
gut aussehen (Männer) loo
haben mii

H

Hafen thàa-rüüa
halb khrùng
Halbinsel lääm
Hälfte khrùng
Haltestelle thìi-djoot-rōt
handeln (herunter-) dtoo-roong
Handtasche gkra'bpáo-thǖü

Handtuch phàa-chēt-dtua
Handwerker(in) chàang
hart khǟǟng
hassen rang-gkiat
hässlich nàa-gkliat
Haus bàan;
Haus (Steingebäude) dtük
Hausangestellte khon-chāi
Hausfrau mä'ä-bàan
Hausherr(in) djào-khɵ·ɵng-bàan
Hausnummer lèek-thìi
Haut phíu
heben yōk
heilen gkä'ä
heimkehren gklap-bàan
heiß rɵɵn
heißen chǜü, rìak-wàa
helfen chùai
hell sawang
Hemd sȕa
herauf-/hinauf-... khȕn
heraus-/hinaus-... ɵɵk
herausgeben (Geld) thɵɵn
herbringen (etw.) ao ... maa
herunter-/hinunter-... long
Herz húa-djai
heute wan-nīi

hier thìi-nìi;
(genau h.) dtrong-nìi
hinbringen (jmd.) phaa ... bpai;
(etw.) ao/nam ... bpai
hineingehen khào
hinsehen (genau) mɵɵng
hinten/hinter khàng-láng
hoch (auch: Körpergröße) súung
Hochschullehrer aadjaan
höchstens mài-thȕng
hoffen wáng
höflich suphàap
Höhle thàm
hören dàai-yin
Hose gkang-gkeeng
Hotel roong-rääm
Huhn gkai
hungrig híu-khàao
Husten ai
Hütte gkrathɵ̀ɵm

I

ich (Frauen) chān, di-chān;
(Männer) phóm
immer samɵ̋ɵ
in (örtl.) nā, thaang, thìi
Ingwer khíng
innen/drinnen khàng-nai
Insel gkɵ'
interessant nàa-són-djai
Islam islaam

J

ja („zutreffen") chài
jagen (Tiere) làa-sat
Jahr bpii
Jahre (Alter unter 12) khuap
Jahreszeit rȕduu
Jahreszeit, heiße nàa-rɵ̄ɵn
Japan yìibpun
jede(r) (Mensch) thūk(-khon)
jederzeit mȕarai gkɵ̀ dàai
jemals khööi
jene(r, -s) da nān
jene(r, -s) dort nōon
jetzt khana'-nīi, díao-nīi
jung ɵɵn
jung (männl.) num
jung (weibl.) sáao
Junggeselle/-in num/sáao-soot

Wörterliste Deutsch – Thai

K

Kaffee gkafää
kalt yen;
(Kältegefühl) náao
Kamm wii
Kanal khloong
kaputt sía
Kartoffel man-farang
Käse nööi-khắng
kaufen sũü
Kilogramm gkiloo
Kind dek
Kino roong-náng
Kirche boot
Kissen mo·on
Klasse (Zug) chān
Kleid gkra'bproong-chūt
Kleidung sûa-phâa
klein lēk;
(kl. gewachsen) dtìa
klettern bpiin
Klima aagkaat
Klimaanlage bprāp-aagkaat
Knie khao
kochen (Flüssigkeit) dtòm
Koffer gkra'bpáo
kommen (her-) maa
Kompliment kham-chom
Kondom thúng-yaang (-anaamai)
können wáai, dàai
Kontakt aufnehmen dtit-dtoo
Kopf húa
Kopfhaar phóm
Korb dtagkràa
Körper dtua
korrekt thuuk
korrigieren gkä'ä
kraftvoll rääng
krank buai, mài sabaai
Krankenhaus roong-phayaabaan
Krankenwagen rōt-phayaabaan
Krankheit ròok
Kreuzung sii-yä'äk
Küche khrua;
(westliche) aahäan-farang
Kugelschreiber bpaak-gkaa
kurz (Entfernung) sán;
(Zeit) mài naan
Küste chaai-/fang-thalee

L

lächeln yīm
lachen húarō'
Laden rāan
Land bprathèet, müang
Landkarte phẩän-thìi
Landschaft chonabot
Landwirtschaft gkaan-gkaseet
lang (Entfernung) yaao
lange (Zeit) naan
langsam chāa
langweilig nàa-büa
Laos laao
lassen (veran-) hài
laufen wìng
laut dang
leben yuu
lecker aroi
Leder náng
leer bplaao
Lehrer(in) khruu
leicht (Gewicht) bao
Leid: tut mir ...! sía-djai
leise bao(-bao)
lernen riian
lesen aan
lieben rāk
Lied phleeng
liegen noon
Liegeplatz (Zug) thìi-noon
links sāai (müü)
Liter līt
Lkw rōt-ban-thūk
Lkw-Bus so·ong-thääo
Löffel chōon
Luft aagkaat, lom
lustig sanuk

M

machen tham
Magen thōong
Mal khrāng;
erstes M. khrāng rä'äk;
letztes khrāng sutthāai
Malaysia maleesia
Mann phùu-chaai
männlich chaai
Markt dtalaat
Maschine khrûüang
Massage nùat
massieren nùat
Maus núu
Medikament gegen yaa gkä'ä
Medizin yaa
Meer thalee
mehr iik;
m. als (Vergleich) gkwaa
meisten, am thìi-sut
meistens suan-màak
Mensch/Person khon
Messer mìit
Miete khàa-chào
mieten chào
Milch nom
mild (gewürzt) djüüt
Militär thaháan
Million lāan
mischen rùam
mit gkap, gka',
dùai, sai
Mittag thìang (wan)
Mittagessen aaháan-gklaang-wan
mittags thìang (wan)
Mitte, in der khàng-gklaang
mittels dooi, thaang
Mitternacht thìang-khüün
möchte yaak
mögen choop
Moment: genau in dem ... phoo-dii
Monat düüan
Mönch phrā'
Mond phrā-chan
Monsun morasum
morgen phrùng-nīi
Morgendämmerung rùng-chāao
Moschee surao
Moskito yung
Moskitospirale yaa-gkan-yung
Motor khrûüang-yon
müde nüai
Mund bpaak
Mündung bpaak
Münze rían
Muschel ho·oi
Museum phīphitthāphan
Musik dtondtrii
müssen dtòng;
nicht m. mài dtòng
Mutter mä'ä

N

nach (zeitl.) láng
nachdem láng-djaak
Nachname naam-sagkun
Nachricht(en) khaao
Nachtisch khanóm
nachts dük
nah gklài;
n. bei gklài-gkap
Name (Vor-) chûü
nass bpiak
Nationalität chàat
Natur thamma-chàat
neben khàng-khàang
nehmen ao
nein („leer") bplaao;
(„nicht zutreffen") mài chài
neu mai
nicht mài;
n. ...! yaa
nichts bplaao
Niederlande needtöölään
niedlich nàa-rāk
niedrig dtìa
niemals mài khööi
noch yang;
n. nicht yang mài

Nordost-Thailand isáan
normal dtam-thamadaa
normalerweise bpogkadti
nötig: nicht n. mài dtòng
notwendig djambpen
null súun
nur thàonan, dtää

O

oben khàng-bon
Obst phón-lamāai
obwohl mā̈ä wàa/dtää
oder rű̈ü
offen bpööt
oft bpoi(-bpoi)
ohnmächtig sein bpen lom
Ohrringe dtùm-húu
Öl nām-man
Opium fin
Orange sòm
Ort hä'äng, thìi
Österreicher(in) (khon-)ōosdtria

P

Paar khùu
Paket hoo
Papa (Anrede) bpā'bpáa
Papier gkra'daat
Park súan
parken djoot
Patient(in) khon-khài
Pfanne gkathā'
pflegen phayaabaan
Pick-up-Bus so·ong-thääo
Platz sanáam
plaudern khui-gkan
Polizei dtamruat
Portemonnaie gkra'bpáo-satdaang
Postamt bpraisanii
Preis raakhaa;
(Gebühr) khàa
Problem bpanháa
Prostituierte soopheenii
Provinz djangwat
pünktlich dtrong-weelaa

Q / R

Qualität khunāphàap
Quittung bai-set
Rabatt geben lōt raakhaa
rasieren gkoon
Ratte núu
rauchen suup-burii
Rechnung bai-set, bin *(engl. bill)*
rechts khwáa (müü)
Rechtsanwalt(in) thānaai-khwaam
Regen fón
Regenzeit nàa-fón
Regierung rātthabaan
Region phàak
regnen fón dtok
reich ruai
reif sūk
Reis khàao
reisen (ver-) döön-thaang
Reisepass nangsű̈ü-döön-thaang
Reisnudeln gkúei-dtíao
reiten khii
Religion saatsanáa
rennen wìng
reparieren gkä'ä, sòom(-sääm)
reservieren djoong
Restaurant rāan-aaháan
richtig thuuk
Rindfleisch nūa
Ring wä'än
Rock gkra'bproong
roh sot
Rücken láng
Rückseite láng (khàng-láng)
rufen rìak
ruhig ngìap(-ngìap)

S

Sachen (Dinge) khɵ·ɵng
sagen bɵɵk ,wàa
Salz gklüa
Sand saai
satt im
sauber sa'aat
schade sía-djai
Schalter (Bank, Post) chōng
scharf (gewürzt) phet
Scheck chēk
scherzen phùut-lèn
schicken song
Schiff rüüa
Schild bpàai
schlafen nɵɵn-lap
schläfrig ngùang-nɵɵn
schlecht leeo
Schlüssel (lùuk) gkundjää
schmal khä'äp
Schmerzen (haben) bpuat
schmutzig sogkabpruk
schneiden dtat
schnell reo
schon lǟäo
schön súai(-ngaam)
Schrank dtùu
schrecklich nàa-gklua
schreiben khían
Schreibtisch dtō'-khían-nāngsǖü
Schuhe rɵɵng-thāao
Schule rɵɵng-riian
Schüssel chaam
Schweiz sawītsöölään
Schweizer(in) (khon-)sawīt
schweizerisch sawīt
schwer (Gewicht) nak
Schwester (ältere) phìi-sáao; **(jüngere)** nɵ̄ɵng-sáao
schwierig lambaak, yàak
schwimmen wàai-nām
schwindlig wian-húa
See thalee-saap
Seeleute chaao-rüüa
sehen (an-) duu, háa
sehenswert nàa-thìao, náa-duu
sehr màak, djang
Seide phàa mái
Seife sabuu
sein bpen; **(sich befinden)** yuu
seit dtàng-dtää
Seite khàang
selbst eeng
selten mài khòi
Service borīgkaan
sicher nä'ä-nɵɵn; **(gewiss)** khong(-dja') **sich s. sein** yen-djai
singen rɵ̄ɵng phleeng
sitzen nàng
Sitzplatz thìi-nàng
so (dermaßen) khanaat-nīi; **(genau so)** yang-nīi
sobald als phɵɵ ...
sofort than-thii
Soldat thaháan
sollen khuan(-dja')
Sonne phrā-aathīt; **die S. scheint** dǟät-ɵɵk
Souvenir thìirālǖk
später thìi-láng
spätnachmittags yen
spätvormittags sáai
speziell phīseet
spielen lèn
Sport gkiilaa
Sprache phasáa
sprechen phùut
spritzen (Medizin, Drogen) chiit
Städter chaao-gkrung
Stadtplan phǟän-thìi
stark gewürzt djat
starren mɵɵng
Station satháanii
Staub fun
Staudamm khüan
stehen yüün
stehlen khamooi
stellvertreten thään
Stern daao
Stil bpääp
stinken(d) mén

Stockwerk chān
Strand chaai-haat
Straße thanón
Strom (Elektrizität) fai-fāa
studieren riian
Stuhl gkào-ii
Stunde chùa-moong
Sturm phaayū
suchen háa
süchtigmachend sep-dtit
Summe djamnuan
Sumpf büng
Superbenzin nām-man subpöö
süß wáan
Süßspeisen khanóm

T

Tag wan
täglich bpradjam-wan
tagsüber dtoon-gklaang-wan
Tal hup-kháo
Tankstelle bpām-nām-man
tanzen dtèn-ram
Tasche gkra'bpáo
Taschendieb nāk-lūang-gkrabpáo
Tasse thùai
tauchen dtam-nām
Taxi rōt-thāksìi
Tee chaa; **(verdünnt)** nām-chaa
Telefon thoorā-sap
telefonieren thoorā-sap
Telefonnummer böö-thoorā-sap
Teller djaan
teuer phääng
Thai (Mensch) khon thai; **(Sprache)** phasáa thai
Thema rûang
Therapie rāksáa
tief lǖk
Tier sat
Tisch dtō'
toasten bpìng
Toilette hòong-nāam/-sùam, sukháa
Tor bpradtuu
tot dtaai
töten khàa
Tourist(in) nāk-tho·ong-thìao
tragen (in der Hand) thǘü; **(Kleidung)** sai
Transport khón-song
treffen (zufällig) djöö
trinken düüm
trocken hä'äng
Tür bpradtuu
Tüte thúng
Typ bpääp

U

üben fük-hat
über khàng-bon
übergeben, sich aadjian
überhaupt nicht mài ... lööi
übermorgen marüün-nīi
übernachten phāk-yuu
überprüfen dtruat
überqueren khàam
Überschwemmung nām-thùam
übersetzen bplää
überzeugt nä'ä-djai
Uhrzeit (offiziell) naaligkaa
Umgebung thääo
umsonst frii *(engl.: free)*
Umweg thaang-òom
unaufdringlich gkreeng-djai
und gkap, gka', lā'; **u. dann** lääo gko
unentschlossen láai-djai
Unfall ubadtiheet
ungefähr rao-raao
Universität mahäawīthayaalai
unten/unter khàng-dtàai/-làang
unterbrechen yut

Unterkunft thîi-phāk
unterrichten sʘ·ʘn
unterschiedlich dtaang gkan
Urlaub nehmen phāk-rʘ̄ʘn

V

Vater phʘ̀ʘ
vegetarisch djee
Ventilator phāt-lom
Verabredung nāt
verabschieden, sich laa
verboten hàam
verdorben djai-dtääk, sía
vergesslich khîi-lüüm
Vergnügen thîao
verheiratet dtääng-ngaan
verkaufen kháai
Verkäufer(in) phanāk-ngaan
verletzt baat-djep
verlieren hǎai
verlobt màn (maa)
vermissen khīt-thǘng
verringern lōt
verschwinden háai
Versicherung bpragkan
verstehen khào-djai
versuchen (etw.) phayaayaam; **(probieren)** lʘʘng
verursachen tham-hài
Verwandte yàat
verwirrt djai-háai
verwöhnen ao-djai; **sich v.** dtaam-djai
viel màak; **zu v.** gköön-bpai
viel(e) yʘ'-yö', yö'
Visum wiisàa
Vogel nōk
voll im; **(besetzt)** dtem; **(überfüllt von Menschen)** nään
von khʘ·ʘng, djaak
voraus gkʘʘn
vorbereiten dtriam
Vorderseite nàa
vorher gkʘʘn
vorn/vor khàng-nàa
vorschlagen nä'nam
vorstellen nä'nam

W

wahr djing
während rā'waa
Wahrheit khwaam-djing
wahrscheinlich māk(-dja)
Wald bpaa
wann mûarai
Ware(n) sín-khāa
warm rʘʘn
warten khʘʘi, rʘʘ
was arai
waschen, sich aap-nāam
Wasser nāam
Wasserfall nām-dtok
Wat (buddhistischer Tempel) wāt
waten lui (bpai)
Wechselgeld ngön-bpliik
wechseln (Geld) lä'äk ngön
Weg thaang
wegräumen thʘʘn
wegstellen thīng ... wāi
wegwerfen thīng
weiblich (phùu-)yíng, sáao
weich ʘʘn
weil phrʘ̄'(wàa)
weinen rʘ̄ʘng-hàai
Welt gkwaang
weit (weg) gklai
welche(r, -s) an-nái
wenig nʘ̄ʘi
wenn (falls) thàa (haak wàa); **(zeitl.)** mûa, weelaa
Westler (Weiße/r) farang

Wetter aagkaat
wichtig sámkhan
wie yaang;
(ähnlich) mǖan
wieder (noch einmal) iik-thii
wiegen chang
Wind lom
wirklich (wahr) djing, djang
wissen rūu;
(Information) sàap
Woche aathīt, sabpadaa
Wochenende sáo-aathīt
wohlfühlen sabaai
wohnen yuu
Wolken mèek
wollen dtòng-gkaan
Wort kham

Z

zählen nāp
Zahn fan
Zahnarzt tham-fan
zart ɵon
Zeit weelaa
Zeitung nangsǖü-phim
Zeremonie phīthii
zerrissen khaat
Zimmer hɵ̀ɵng
Zoo súan-sat
zu (sehr) gköön
Zucker nām-dtaan
Zuckerrohr dtòn-ɵ̀ɵi
zuerst gkɵɵn
zufrieden sabaai-djai
Zug rōt-fai
zuhören fang
zukünftig nai anaakhōt
zurückkehren gklap
zusammen dùai-gkan, rùam
zusammenstoßen (Auto) chon-gkan
zusätzlich iik
zutreffen (=ja) chài;
nicht z. (= nein) mài chài
Zweck: zum ... von phǜa
zweite(r) thìi-sɵ·ɵng
zwischen rā'waang

Wörterliste Thai – Deutsch

A

aadjaan (Hochschul)Lehrer
aagkaat Luft, Wetter, Klima
aaháan Essen, Mahlzeit
aaháan-chāao Frühstück
aaháan-farang westliche Küche
aaháan-gklaang-wan Mittagessen
aaháan-yen Abendessen
aan lesen
aap-nāam baden, sich waschen
aat(-dja) könnte
aathīt Woche
aayū Alter
ai Husten
akseep Entzündung
an KW für kleine Gegenstände
andtaraai gefährlich
an-nái welche(r, -s)
anusáawārii Denkmal
anūyàat Erlaubnis
ao nehmen
ao-djai verwöhnen
ao ... bpai etw. hinbringen
ao ... maa etw. herbringen
ao ... wāi abstellen
arai was
aroi lecker, gut schmeckend
athibaai erklären

B

baai (früh)nachmittag
bàan Haus
baat-djep verletzt
bai-khap-khii Führerschein
bai-set Rechnung, Quittung
ba'mii Eiernudeln
bao leise; leicht (Gewicht)
bao-bao leise, sachte
bia Bier
bidaa-maandaa Eltern (höflich)
bin fliegen
bin (engl. bill) Rechnung
boot Kirche
borīgkaan Service
boi(-boi) oft
book sagen
boorisat Firma
böö-thoorā-sap Telefonnummer
buai krank
büng Sumpf
bpaa Dschungel, Wald
bpàai Schild
bpàai-rōt-mee Bushaltestelle
bpaak Mund; Mündung
bpaak-gkaa Kugelschreiber
bpääp Typ, Stil
bpā'bpaa Papa (Anrede)
bpai gehen, fahren
bpām-nām-man Tankstelle
bpanháa Problem
bpatdjuban-nīi gegenwärtig
bpen sein; lebendig; als
bpen khài Fieber haben
bpen lom ohnmächtig sein
bpen wat erkältet sein
bpen-yaang-yìng äußerst
bpiak nass, feucht
bpii Jahr
bpiin besteigen, klettern
bping toasten
bpit geschlossen, zu

Wörterliste Thai – Deutsch

bplaa Fisch
bplää übersetzen; bedeuten
bplaao leer; nicht(s), nein
bpluk aufwecken
bpogkadti gewöhnlich, normalerweise
bpööt offen
bpradjam-wan täglich
bpradtuu Tür, Tor
bpragkan Versicherung
bpraisanii Postamt
bprāp-aagkaat Klimaanlage
bprathèet Land
bproot bitten (auffordern)
bpuat Schmerzen (haben)

CH

chaa Tee
chāa langsam
chaai männlich
chaai-dään Grenze
chaai-haat Strand
chaai-thalee Küste
chaan-chalaa Bahnsteig
chàang Handwerker(in)
chaao-bàan Dorfbewohner
chaao-bpramong Fischer
chaao-dtaang-bpra-thèet Ausländer
chaao-gkrung Städter
chaao-kháo Bergstämme
chaao-naa Bauer
chaao-rai Bauer
chaao-rüüa Seeleute
chāao früher Vormittag
chāao-mùüt frühmorgens
chàat Nationalität
chài zutreffen; ja
chāi benutzen, gebrauchen
chān Klasse; Stockwerk
chang wiegen
chanīt KW für Sorte
chào mieten
chāt klar, deutlich
chēk Scheck
chèn ... (bpen dton) zum Beispiel
chiit spritzen (Medizin, Drogen)
chīn KW für Stück/Scheibe
chom bewundern
chonabot Landschaft
chōng Schalter (Bank, Post)
chon-gkan zusammenstoßen (Auto)
chōon Löffel
choop mögen
chöön einladen, bitten (anbieten)
chùai bitten (um Hilfe); helfen
chùa-moong Stunde
chūt Anzug; KW für Sets
chūt-aap-nāam Badeanzug, -hose
chüü Name; heißen
chüü-lèn Spitzname

D

dà(a)i können (allg.)
dàai-yin hören
daao Stern
däät-ook Sonne scheint
dài gelangen, bekommen
dài-rāp empfangen, annehmen
dang laut
dek Kind
díao-nīi jetzt, augenblicklich
dii gut
dii-djai froh
dinso-o Bleistift
dooi mittels
döön gehen (zu Fuß)
döön-thaang (ver)reisen

dùai mit, auch
dùai-gkan zusammen, miteinander
dük nachts
duu (an)sehen
düüan Monat
düüm trinken

DJ

djaak von, aus (örtl.)
djaan Teller; KW für Gerichte
djagkrayaan Fahrrad
djai-dam grausam
djai-dii freundlich
djai-dtääk verdorben
djai-háai verwirrt
djai-khä'äp egoistisch
djai-rōon aufgeregt
djai-sía entmutigt
djai-yen gelassen, ruhig
djam behalten, sich erinnern
djambpen notwendig
djamnuan Summe
djang sehr, wirklich
djangwat Provinz
djào-kho-ong Besitzer(in)
djào-kho-ong-bàan-Hausherr(in)
djào-naathii Angestellte(r)
djap fangen, greifen
djap-djai fasziniert
djat stark gewürzt
djee vegetarisch; Gemüse
djii Anhänger (Schmuck)
djiin China; chinesisch
djing wahr, wirklich
djon arm
djon(-thǘng) bis (örtl.)
djop beenden mit Abschluss (Studium)
djot notieren, aufschreiben
djotmáai Brief
djoong reservieren
djoot parken
djöö treffen (zufällig)
djüüt mild (gewürzt)

DT

dtaa Auge
dtaai tot
dtaam(-thii) entlang(folgend), gemäß
dtaam-djai sich verwöhnen
dtaang gkan unterschiedlich
dta'gkiap Essstäbchen
dtagkràa Korb
dtalaat Markt
dtaloot (vollständig) durchführen
dtaloot-weelaa die ganze Zeit
dtambon Gemeinde
dtam-nām tauchen
dtamruat Polizei
dtam-thamadaa normal, gewöhnlich
dtàng-dtää seit
dtàng-dtòn beginnen, anfangen
dtào-nom Brüste
dtat schneiden
dtää aber, nur
dtääng-dtua anziehen, sich schmücken
dtääng-ngaan verheiratet
dtem voll, besetzt
dtèn-ram tanzen
dtìa niedrig, klein gewachsen
dtit-dtoo Kontakt aufnehmen
dtō' Tisch
dtok fallen
dtok-bplaa angeln
dtok-djai sich fürchten
dtō'-khían-nāngsǘü Schreibtisch
dtok-long O.K., einverstanden
dtòm kochen (Flüssigkeit)
dtondtrii Musik
dtòn-māi Baum
dtòn-òoi Zuckerrohr

dtʘ̀ng müssen
dtʘ̀ng mài nicht dürfen
dtʘ̀ng-gkaan wollen, brauchen
dtʘn-gklaang-wan tagsüber
dtʘn-khàm abends
dtʘʘp antworten
dtʘʘ-roong (herunter)handeln
dtööm einfüllen
dtriam vorbereiten
dtrong geradeaus, gerade
dtrong-khàam gegenüber
dtrong-nìi hier, genau hier
dtrong-weelaa pünktlich
dtruat untersuchen, prüfen
dtua Körper; KW Tiere
dtùm-húu Ohrringe
dtún dünsten
dtùu Schrank, Behälter
dtúa Fahrkarte
dtük Haus, Steingebäude
dtüün aufwachen

E / F

eegkasáan Dokument
eeng selbst
faak aufbewahren; bitten (um Gefälligkeit)
fään Freund(in), Ehepartner
fai-fāa Strom, Elektrizität
fan Zahn
fang zuhören
fang-thalee Küste
farang Westeuropäer, Weiße(r)
fin Opium
fón Regen
fón dtok regnen
frii umsonst *(engl.: free)*
fük-hat üben
fun Staub

GK

gkää alt (Menschen)
gkääng Curry
gkaan-gkaseet Landwirtschaft
gkafää Kaffee
gkai Huhn
gkamlang gerade
gkang-gkeeng Hose
gkao alt (Sachen)
gkào-ii Stuhl
gkap / gka' mit, und
gkap-khàao Essen
gkarūnaa bitten (auffordern)
gkat beißen
gkä'ä heilen, korrigieren, reparieren
gkä'äo Glas
gkeng geschickt, gut
gkiilaa Sport
gkiloo Kilogramm
gkin-khàao essen
gklai weit (Entfernung)
gklài nah
gklài-gkap nahe(bei)
gklap zurückkehren
gklap-bàan heimkehren
gklüa Salz
gklùuai Banane
gkoon rasieren
gkʘ' Insel
gkʘ̀ dann, auch
gkʘ̀ dàai ist o.k., auch recht
gkʘ̀ ... mǖan-gkan- auch, genauso
gkʘʘn zuerst, vorher, voraus
gköön zu (sehr)
gköön-bpai zu viel, zu ...
gkööt geboren werden, entstehen
gkra'bpáo Tasche, Koffer, Gepäck
gkra'bpáo-satdaang Portemonnaie
gkra'bpáo-thǖǖ Handtasche
gkra'bproong Rock

gkra'bproong-chūt Kleid
gkra'daat Papier
gkra'háai-nāam durstig
gkram Gramm
gkrarhòom Hütte
gkreeng-djai unaufdringlich
gkroot sich ärgern; ärgerlich
gküap(-dja') fast
gkúei-dtíao Reisnudeln
gkundjää Schloss, Schlüssel
gkwaa mehr als (Vergleich)
gkwaang weit, breit

H

háa suchen
háa-bplaa fischen
háai verschwinden, verlieren
háai-djai atmen
hàam verboten
hài geben; (veran)lassen, für
hak brechen
hä'äng Ort; trocken
hén sehen
hén-dùai einverstanden sein
hín Stein, Fels
híu-khàao hungrig
híu-naam durstig
ho·oi Muschel
ho·om duften(d)
hòong Zimmer, Raum
hòong-aaháan Esslokal
hòong-nāam/-sùam- Bad, Toilette
húa Kopf
húa-djai Herz
húarō' lachen
hup-kháo Tal

I

iik noch, mehr, zusätzlich
iik-thii wieder, noch einmal
im satt, voll
isáan Nordost-Thailand
islaam Islam

KH

khàa töten
khàa Gebühr, Preis
khàa-chào Miete
khàa-dooisáan Fahrpreis
khàa-ràatchagkaan Beamte(r)
kháai verkaufen
khàam überqueren
khàang Seite
khaao Nachricht(en)
khàao Reis, übertr.: Essen
khaat zerrissen
khai Ei
khài Fieber
kham Wort
kham-athibaai Erklärung
kham-chom Kompliment
kham-dtoop Antwort
kham-tháam Frage
khàm abends
khamooi Dieb; stehlen
khan KW für Fahrzeuge
khanaat Größe
khanaat-nīi so, dermaßen
khana'-nīi jetzt
khānā' Gruppe
khàng-bon oben, auf, über
khàng-dtàai unten, unter
khàng-gklaang mitten, in der Mitte
khàng-khàang neben
khàng-làang unten, unter
khàng-láng hinten, hinter
khàng-nàa vorn, vor
khàng-nai innen, drinnen

Wörterliste Thai – Deutsch

khàng-nɵ̀ɵk außen, draußen
khanóm Süßspeisen, Nachtisch
khanóm-bpang Brot
khao Knie
khào herein-, hinein-; betreten, hineingehen
khào-djai verstehen
khāp eng
khap-rōt Auto fahren
khayán fleißig
khääk Inder (in Thailand); Gast
khä̋äng hart
khä'äp schmal
khémkhat Gürtel
khían schreiben
khii reiten
khìi-gkiat faul
khìi-lüüm vergesslich
khíng Ingwer
khĩt denken
khĩt-thǖng vermissen
khliinik Arztpraxis
khlɵ̀ɵng fließend
khlɵɵng Klong, Kanal
khlɵ̀ɵt gebären
khlǜün-sài Brechreiz haben
khon Mensch, Person; Körperhaare
khon-chāi Hausangestellte
khon-diao allein (Mensch)
khon-khài Patient(in)
khon-khap-rōt Fahrer, Chauffeur
khon-nam-thaang (Reise)Führer
khon-ngaan Arbeiter(in)
khon-ōosdtria Österreicher(in)
khon-sawĩt Schweizer(in)
khon-sȫöp Bedienung
khon-thai Thai (Mensch)
khon-yööraman Deutsche(r)
khón-song Transport
khong(-dja') sicher, gewiss
khɵ·ɵ um etwas bitten
khɵ·ɵ-thòot Entschuldigung
khɵɵi warten
khɵ·ɵng von; besitzen
khɵ·ɵng Sachen, Dinge
khɵɵp-khun/-djai danke
khööi jemals
khööi: mài … niemals
khrāng Mal
khrāng rä'äk erstes Mal
khrāng sutthāai letztes Mal
khrao Bart
khrĩstian Christ(in)
khrĩt Christ(in)
khrɵ̀ɵpkhrua Familie
khrua Küche
khruu Lehrer(in)
khrǜng halb
khrǜang Gerät, Maschine, Zeug
khrǜang-bin Flugzeug
khrǜang-düüm Getränk
khrǜang-yon Motor
khuan(-dja') sollen
khuap Jahre (Alter unter 12)
khuat Flasche
khui-gkan plaudern
khun du, Sie, ihr; Herr, Frau
khunāpháap Qualität
khùu Paar
khüan (Stau)Damm
khǜn aufsteigen, herauf-, hinauf-
khwáa (müü) rechts
khwaam-djing Wahrheit
khwaam-suk Glück
khwaam-yin-dii Freude

L

lä̃' und
laa sich verabschieden
láai-djai unentschlossen

lāan Million
làa-sa̲t jagen
lamba̲ak schwierig, mühsam, umständlich
láng Rückseite, Rücken; danach, nach (zeitl.)
láng-dja̲ak nach(dem)
laao Laos
lào alkohol. Getränke
lä'äk ngön wechseln (Geld)
lǟäm Kap, Halbinsel
lǟäo schon
lǟäo gko und dann
lèek-thìi Hausnummer
lēk klein
lèm KW für Bücher
lèn spielen
leeo schlecht
lī̄ang zu essen anbieten, füttern
lī̄ao abbiegen
lī̄t Liter
lom Wind, Luft
long absteigen, aus-, herunter-, hinunter-
long-thòot bestrafen
lo̲o gut aussehen (Männer)
loong (aus)probieren, versuchen
lōt verringern
lōt raakhaa Rabatt geben
lȍök beenden, aufhören
lui (bpai) waten
lùuk gkundjää Schlüssel
lǖüat Blut
lǖk tief

M

maa kommen, her-
maa rāp abholen
máai-khwaam-wàabe-deuten, dass
màak viel, sehr
mahàawī̄thayaalai Universität
ma̲i neu
mài nicht; (ver)brennen
mài chài trifft nicht zu; nein
mài dtòng nicht müssen, nicht nötig
mài khòi selten, kaum
mài ... lȍöi überhaupt nicht
mài naan kurz (Zeit), nicht lange
mài sa̲baai krank
mài-thǖng höchstens
māk(-dja) wahrscheinlich
maleesia Malaysia
màn (maa) verlobt
man-fara̲ng Kartoffel
mao betrunken
marüün-nī̄i übermorgen
mä'ä Mutter
mä'ä-bàan Hausfrau
mä'ä-nām Fluss
mǟä wàa/dtä̲ä obwohl
mèek Wolken
mén stinken(d)
mēt KW für Samen/Pillen
mia Ehefrau (zwanglos)
mii haben, besitzen, es gibt
mii phī̄t giftig
mii sane̲e charmant
mìit Messer
moohóo ärgerlich sein, sich aufregen
morasum Monsun
mo̲t auf-, verbrauchen
mo·o Doktor (Arzt)
mòo Topf
mo·on Kissen
moong starren, genau hinsehen
mu̲u bàan Dorf
mǖa wenn, als
mǖa-gko̲on-nī̄ifrüher
mǖan ähnlich wie, wie
mǖan-gka̲p/-gkan genauso, ebenso
müang Stadt, Land
müang-nòok Ausland
mǖara̲i wann

mủara̲i gkɵ̀ dàaije derzeit
mü̉üt dunkel

N

nā in, bei
nàa Gesicht, Vorderseite
nàa-bü̲a langweilig
nàa-fón Regenzeit
nàa-gkin appetitanregend
nàa-gkli̲at hässlich
nàa-gklua furchterregend, schrecklich
nàa-rāk liebenswert, niedlich
nàa-rɵ̄ɵn heiße Jahreszeit
nàa-són-djai interessant
nàa-thìao sehenswert
náa dick (Sachen)
naaligkaa Uhrzeit (offiziell), Uhr, Stunde
nāam Wasser
naam-sagkun Nachname
naan lange (Zeit)
náao kalt (Kältegefühl)
nai anaakhōt (zu)künftig
nai reo-reo nī̈i bald
nai-mài-chāa bald
na̲k schwer (Gewicht)
nāk-lūang-gkrabpáo Taschendieb
nāk-thɵ-ɵng-thìao Tourist(in)
nam ... bpai etw. hinbringen
nām-chaa Tee (verdünnt)
nām-dtaan Zucker
nām-dto̲k Wasserfall
nām-khä̉äng(-bpla̲ao) Eis
nām-man Öl, Fett
nām-man subpöö Superbenzin
nām-man thamadaa Benzin
nām-na̲k Gewicht
nam-thaang/-thìao führen
nām-thùam Überschwemmung
nàn das
nān jene(r, -s)
nàng sitzen
náng Leder; Film (Kino)
nangsǘü Buch
nangsǘü-döön-thaang Reisepass
nangsǘü-phim Zeitung
nāp zählen
nāp-thǘü glauben an
nāt Verabredung
nä'ä-djai überzeugt
nään voll, überfüllt (Menschen)
nä'ä-nɵɵn sicher
nä'nam vorstellen, empfehlen, vorschlagen
needtöölään Niederlande
nìi dies
nī̈i diese(r, -s)
nī̈t-nɵ̲ɵi etwas, ein wenig
nōk Vogel
nom Milch
nòon das dort
nōon jene(r, -s) dort
nɵ̄ɵi wenig, etwas
nɵ̀ɵk-dja̲ak außer
nɵɵn liegen
nɵɵn-dtü̲ün aufwachen
nɵɵn-la̲p schlafen
nɵɵn-lūk(-khủn) aufstehen
nɵ̄ɵng-chaai Bruder (jüngerer)
nɵ̄ɵng-sáao Schwester (jüngere)
nööi Butter
nööi-khä̉ng Käse
nùat Massage; massieren
nu̲m jung (männlich)
núu Maus, Ratte; Mäuschen (Anrede)
nü̃a Rindfleisch
nü̲ai müde, erschöpft

nük denken, glauben, sich fragen
nüng dünsten

NG

ngàai einfach, leicht
ngaan Arbeit; Fest
ngìap(-ngìap) ruhig
ngön Geld; Silber
ngön-bpliik Wechselgeld
ngön-sot Bargeld
ngùang-noon schläfrig, noch müde

O

ong-gkaan Behörde Organisation,
oogkaat Gelegenheit
ōosdtria Österreicher(in)
op backen
ōpfīt Büro
ok Brust(korb)
ook heraus-, hinaus-
oon weich; zart; jung
oon-djai erschöpft

PH

phaa bringen, begleiten
phaa ... bpai jmd. hinbringen
phàa-chēt-dtua Handtuch
phàa mái Seide
phàak Region
phaayū Sturm
phak Gemüse
phāk bleiben
phāk-phoon rasten, ausruhen
phāk-rōon Urlaub nehmen
phāk-yuu übernachten
phāmàa Burma
phan(ra)ya Ehefrau (höfl.)
phanāk-ngaan Verkäufer(in)
phasáa Sprache
phasáa thai Thai (Sprache)
phāt Fächer
phāt-lom Ventilator
phayaabaan pflegen
phayaayaam versuchen
phää Floß
phǟä allergisch
phǟän-thìi Landkarte, Stadtplan
phääng teuer
phäät Arzt
phet scharf (gewürzt)
phìi-chaai Bruder (älterer)
phìi-nōong Geschwister
phìi-sáao Schwester (ältere)
phim drucken
phīphitthāphan Museum
phīseet besonders, speziell
phit falsch
phīthii Zeremonie
phíu Haut
phleeng Lied
phóm ich (Männer); Kopfhaar
phóng Pulver
phón-lamāai Früchte, Obst
phoo genug
phoo ... sobald als
phoo-dii genau richtig, genau in dem Moment
phòo Vater
phòo-mä'ä Eltern
pho-om dünn (Mensch)
phōng gerade (vorbei)
phrā' Mönch
phrā-aathīt Sonne
phrā-chan Mond
phrō'(wàa) weil
phrùng-nīi morgen
phúa Ehemann (zwanglos)
phùak Gruppe
phuu-kháo Berg
phùu-chaai Mann
phùut sprechen

phùut-lèn scherzen
phùu-yǐng Frau; weiblich
phûa für, zum Zweck von
phûüan Freund

R

raakhaa Preis
rāan Laden, Geschäft
rāan-aahǎan Lokal, Restaurant
rāk lieben
rāksǎa Behandlung, Therapie
rang-gkiat hassen, ablehnen
rao-raao ungefähr
rāp akzeptieren, empfangen, annehmen
rāt Bundesstaat, -land
rātthabaan Regierung
ra'waang während; zwischen
rawang Achtung!
rääng kraftvoll
reo schnell
rìak rufen
rìak-wàa heißen
rían Münze
riian lernen, studieren
rìip sich beeilen
ròok Krankheit
roong Gebäude (großes)
roong-náng Kino
roong-phayaabaan Krankenhaus
roong-rääm Hotel
roong-riian Schule
rōt Wagen, Auto
rōt Geschmack
rōt-ban-thūk Lkw
rōt-fai Eisenbahn, Zug
rōt-mee Bus
rōt-phayaabaan Krankenwagen, Ambulanz
rōt-sáam-lōo Fahrrad-Rikscha
rōt-thāksìi Taxi
roo warten
roon heiß, warm
rōon-djai besorgt
rōong-hàai weinen
rōong phleeng singen
roong-thāao Schuhe
rôom anfangen, beginnen
ruai reich
rùam zusammen; mischen
rùng-chāao Morgendämmerung
rūu wissen
rūu-rûang Bescheid wissen
rùup Bild, Foto
rüā-khàam-fàak Fähre
rûai ununterbrochen, beständig
rûang Geschichte, Thema
rūduu Jahreszeit
rūü oder
rüüa Schiff, Boot

S

sa'aat sauber
saai Sand
sāai (müü) links
sáai (spät)vormittags
sáai (Bus)Linie; KW für Straße/Weg
sàamàat(-dja) fähig zu
sáamii Ehemann (höfl.)
sáao weiblich; jung (weiblich)
sáao-soot Junggesellin
sàap wissen (Information)
saatsanáa Religion
sabaai gesund, wohlfühlen(d)
sabaai-djai zufrieden
sabuu Seife
sabpadaa Woche
sadtaang Satang, Geld
sai tragen, anziehen, hineintun, mit
samöö immer
sámkhan wichtig
sámrap für
sán kurz (Entfernung)
sanáam Platz, Feld
sanáam-bin Flugplatz

sang bestellen
sanuk lustig, spaßig
sáo-aathīt Wochenende
saphaan Brücke
sat Tier
satháanii Station
satháanii-rōt-fai Bahnhof
satháan-thùut Botschaft (Gebäude)
sawang hell
sawat-dii guten Tag!; auf Wiedersehen!
sawīt schweizerisch, Schweizer(in)
sawītsööläan Schweiz
sep-dtit süchtig machend
set fertig; beenden, erledigen
set-lǟäo danach, anschließend; fertig
si doch (AP)
sía entfernen (endgültig); kaputt, verdorben
sía-djai schade; tut mir Leid!
síi Farbe
sii-yääk Kreuzung
sín-khāa Ware(n)
sogkabprok schmutzig
sòm Orange
song schicken
sòom Gabel
sòom(-sääm) reparieren
so-on unterrichten
so-ong-sáam einige
so-ong-thääo Lkw-, Pick-up-Bus
soopheenii Prostituierte
sot roh
súai(-ngaam) schön
súan Garten, Park
suan-màak meist, gewöhnlich
súan-sat Zoo
suk glücklich
sūk reif
sukháa Toilette
suphàap höflich
surao Moschee
súun null
súung hoch; auch: Körpergröße
suup-burii rauchen
suut Anzug
sǜa Hemd, Bluse
sǜa-phàa Kleidung
süksáa erziehen
sǖü kaufen

TH

thaa auftragen, schmieren
thàa falls, wenn
thàa-rüüa Hafen
thaai-rùup fotografieren
tháam fragen
thaan essen
thaang Weg; in, aus Richtung, mittels
thaang-khào Eingang, -fahrt
thaang-ook Ausgang, -fahrt
thaang-òom Umweg
thaang-thāao Fußweg
thāao Fuß
thaháan Soldat; Militär
thalee Meer
thalee-saap See
tham machen
tham-fan Zahnarzt
tham-hài verursachen
thàm Höhle
thamma-chàat Natur
than rechtzeitig eintreffen
than-thii sofort
thàn Exzellenz (Anrede)
than-thùut Botschafter(in)
thānaai-khwaam Rechtsanwalt(in)
thanaakhaan Bank
thānābat Banknote
thāng-mot alle(s)
thāng-nān durchwegs
thanón Straße

thào-gkap ebenso (messbare Größen)
thàonan nur, nichts weiter
thään stellvertreten
thāäo Umgebung
thiang (wan) Mittag, mittags
thiang-khüün Mitternacht
thiao Vergnügen
thii Ort; dass; bei, in
thii-djoot-rōt Haltestelle
thii-láng später
thii-nàn dort
thii-nàng Sitzplatz
thii-nii hier
thii-nòon dort hinten
thii-noon Liegeplatz (Zug)
thii-phāk Unterkunft
thiiralūk Souvenir
thii-so·ong zweite(r)
thii-sut am meisten
thii-tham-ngaan Arbeitsplatz, Büro
thiiwii Fernsehen (TV)
thīng wegwerfen
thīng ... wāi wegstellen
thoo-háa/maa anrufen
thoorā-sap Telefon; telefonieren
thòot bestrafen
thoon herausgeben (Geld); wegräumen
thoong Gold
thōong Magen, Bauch
thoot ausziehen (Kleidung)
thö' bitte (P)
thùa etw. erledigen
thùai Tasse
thūk(-khon) jede(r) (Mensch)
thūk-yaang alles, jede Art/Sorte
thúng Beutel, Tüte, Hosentasche
thúng-yaang (-anaamai) Kondom
thūrāgkit Geschäft, Business
thuuk billig; richtig, korrekt
thūng erreichen; bis (örtl.)
thǖü tragen (in der Hand)

U / W

ùan dick (Mensch)
ubadtiheet Unfall
wàa sagen; dass
wáai können, schaffen
wàai-nām schwimmen
wáan süß
waang abstellen
waang ... wāi aufbewahren
wàang frei, nicht besetzt
wāi abstellen
wáng hoffen
wan Tag
wan-gkööt Geburtstag
wan-láng ein andermal
wan-nīi heute
wan-thii Datum
wāt Wat (buddhistischer Tempel)
wään Ring
wään-dtaa Brille
weelaa Zeit; wenn, immer wenn
weelaa wàang Freizeit
wian-húa schwindlig
wíi Kamm
wiisàa Visum
wìng laufen, rennen

Y

yaa Medizin, Drogen
yaa gkāä Medikament gegen
yaa-gkan-yung Moskitospirale
yaa nicht ...!
yaak möchten
yàak schwierig, schwer
yaang Art, Sorte; wie
yàang grillen, rösten

yaao lang (Entfernung)
yaa-phīt Gift
yàat Verwandte, Verwandtschaft
yai groß
yāk Riese, Tempelwächter
yang noch
yang mài noch nicht
yang-nīi so, genau so
yȁä schlecht, kaum erträglich
yen (spät)nachmittags
yen-djai sicher sein
yìam besuchen
yìibpun Japan
yin-dii froh
yíng weiblich
yīm lächeln
yōk heben
yɵɵm(-rāp) akzeptieren, erlauben
yɵ'-yö viel(e)
yööraman deutsch
yöörarnani Deutschland
yung Moskito
yùng beschäftigt sein
yut anhalten, unterbrechen
yuu leben; wohnen; sich befinden, sein
yüün stehen

Der Autor

Martin Lutterjohann, Jahrgang 1943, geboren in Göttingen, lebt heute, nach sechs Berufsjahren in Südostasien und fünf in Berlin, in Rosenheim/Oberbayern. Er studierte Psychologie und ist als Therapeut im Suchtbereich tätig. Er geht leidenschaftlich gern in die Berge und auf Reisen, war bisher in rund 100 Ländern, allein, zu zweit oder als Reiseleiter unterwegs. Mit Ausnahme von Thailand, wo er vier Jahre lebte, verbrachte er die längsten Auslandsaufenthalte in Japan; das er zwischen 1970 und 1999 ein Dutzend Mal besucht und wo er dank eines Forschungsstipendiums des Japanischen Erziehungsministeriums insgesamt zwei Jahre gelebt hat.

Vorher schon heiratete er Sakae, die er im gemeinsamen Studentenheim in München kennengelernt hatte. Das waren auch die Gründe für die langen Japanaufenthalte und den intensiven Einstieg in die japanische Sprache.

Im Reise Know-How Verlag erschienen von Martin Lutterjohann außerdem die Sprachführer „Japanisch – Wort für Wort", „Malaiisch – Wort für Wort", „Neuseeland Slang, das andere Englisch", das Reisehandbuch „Malaysia", „Kulturschock Japan" sowie der Stadtführer „CityGuide Tokyo mit Yokohama".